煤炭高等教育“十四五”规划教材

U0818378

应急管理文书写作

主　编　李　东
副主编　邹小青　王　丽

中国矿业大学出版社
·徐州·

图书在版编目(CIP)数据

应急管理文书写作 / 李东主编. — 徐州 ：中国矿业大学出版社，2024. 11. — ISBN 978 - 7 - 5646 - 6290 - 5

Ⅰ. H152.3

中国国家版本馆 CIP 数据核字第 2024T5L089 号

书　　名　应急管理文书写作
主　　编　李　东
责任编辑　夏　然
出版发行　中国矿业大学出版社有限责任公司
（江苏省徐州市解放南路　邮编 221008）
营销热线　(0516)83885370　83884103
出版服务　(0516)83995789　83884920
网　　址　http://www.cumtp.com　**E-mail**:cumtpvip@cumtp.com
印　　刷　江苏凤凰数码印务有限公司
开　　本　787 mm×1092 mm　1/16　**印张** 13　**字数** 293 千字
版次印次　2024 年 11 月第 1 版　2024 年 11 月第 1 次印刷
定　　价　46.00 元
（图书出现印装质量问题，本社负责调换）

序　言

应急管理是为应对重特大事故灾害的危险问题提出的，是指政府及其他公共机构在突发事件的事前预防、事发应对、事中处置和善后恢复过程中，通过建立必要的应对机制，采取一系列必要措施，应用科学、技术、规划与管理等手段，保障公众生命、健康和财产安全，促进社会和谐健康发展的有关活动。

党的二十大报告指出，要完善国家应急管理体系，提高防灾减灾救灾和重大突发公共事件处置保障能力，加强国家区域应急力量建设。习近平总书记也强调，要大力培养应急管理人才，加强应急管理学科建设。

为更好地适应社会需要和指导高校“应急管理”“应急技术与管理”“安全生产监管”等相关专业应急管理人才培养，根据中国煤炭教育协会关于编写煤炭高等教育“十四五”规划教材的要求，本书编写组邀请国内20余名应急管理专家、学者召开了编写论证会议，对《应急管理文书写作》的编写工作方案提出了宝贵的意见。

由华北科技学院负责编写的《应急管理文书写作》即将出版，该教材立足应急、面向应急、服务应急，切合应急管理事业发展需要，立意明确，填补了应急管理事业领域文书写作理论空白。该教材较系统地介绍了应急管理工作过程中常用文书的分类、格式、文种、写作方法和写作注意事项以及如何运用，并列举了可供参考的实用文例。教材主编李东长期从事实用写作理论研究与教学工作，副主编邹小青、王丽长期从事应急管理教育教学理论研究与实践，参编人员陈骁长期从事应急管理新闻理论研究，书中很多内容都是他们实践经验的总结。

“应急管理”等专业培养的是德、智、体、美、劳全面发展，富有安全意识和国际视野，具有高度社会责任感，系统掌握应急管理理论知识，能够在各级政府应急管理部门、企事业单位和社会组织从事应急管理实际工作，并擅长风险沟通和应急预警、风险识别与评估、事故灾害防治、应急决策、应急处置和救援、恢复与重建、社会舆情分析等工作的应用型高级专门人才，应急管理文书写作是学生必须掌握的专业知识。我们相信这部来自实践的教材定会给广大师生的学习带来益处，也会给在现场和机关工作的应急管理人员以及相关人员带来便利。

编　者

2024年11月

目　　录

第一章　应急管理文书写作基础

学习目标和要求

掌握文书的概念、特点、种类；了解文书的作用；了解文书的发展历程与趋势；掌握文书撰写的基本要领。

第一节　文书概述

一、文书的含义

对于文书，从古到今有多种释义。

第一种指文字图籍。《史记·李斯列传》："明法度，定律令，皆以始皇起。同文书。治离宫别馆，周徧天下。"《论衡·别通》："萧何入秦，收拾文书。汉所以能制九州者，文书之力也。"

第二种指书籍、文章。《史记·秦始皇本纪》："秦王怀贪鄙之心，行自奋之智……焚文书而酷刑法，先诈力而后仁义。"《夏日游水阁》诗："独自凭阑无个事，水风凉处读文书。"

第三种指公文、案牍。《望喜驿》诗："满眼文书堆案边，眼昏偷得暂时眠。"《二刻拍案惊奇》卷二十："（太守）当下出了一纸文书给与缉捕使臣。"

第四种指字据、契约。《窦娥冤》楔子："你本利少我四十两银子，兀的是借钱的文书，还了你。"《艳阳天》第三七章："那天半夜，你到狮子院敲门找我，人没进来，你把个文书盒子塞给我了。"

第五种指书札。《铁围山丛谈》卷四："吴氏者，王丞相之姻家也，且多有王丞相文书。"《东周列国志》第五回："两处俱有文书到于洛京，奏闻桓王，说郑兵盗割麦禾之事。"

第六种指从事书信、公文工作的人。《创业史》第一部第四章："有一回，我把贫农的贫字，写成贪污的贪字了，乡文书把我好克了一顿，说我故意糟踏贫农。"《月牙儿》十三："她叫我帮助文书写写字，可是不必马上就这么办，因为我的字还需要练习。"

第七种指文章和书法的合称。《八琼室金石补正》卷九二引宋代张潞《嘉定辛巳之客经游浯溪碑感慨为赋七言》:“两朝功罪乾坤定,二子文书日月光。”

本书研究的文书为上述第三种,即公文、案牍,现代意义是指机关、团体、企事业单位以及个人在社会活动中,为了某种需要,按照一定的体式和要求形成的书面文字材料。也就是说,一切书面文字材料,都可以称之为文书。

二、文书的形成

《周易·系辞下》记载:“上古结绳而治,后世圣人易之以书契”。在文字出现以前,人类在社会活动中是采用“结绳”之法记载事物、治理天下的。文字出现改变了人类记事方式之后,文书应运而生。

原始社会末期,由于社会和生活分工的发展,逐渐分裂出有产者和无产者两个对立的阶级。原始社会的瓦解,两个对立的阶级有了利益冲突,贵族奴隶主阶级(有产者)为了维护本阶级的利益,镇压无产者,组成了国家。我国从夏、商开始,形成了奴隶制国家,奴隶主为了行使国家职能,制作、使用文书作为传达政令、指挥国事、联系公务、记录活动的工具,从而形成了以反映统治阶级活动为内容的文书。

据史书记载,中国古代最早的文书是上古唐、虞时期史官所记的《虞书》,但原件早已无存。现存最早的古文书是1899年在河南安阳出土的甲骨刻辞,是殷王室占卜时所刻的文字,属于公务文书。商代的文书还有册和典,是简的集合体。简以狭长竹、木片作载体。把长短相同的简用皮条或丝绳上下两道编连起来,就成为册。保存起来的重要文献或书籍(册)就成为典。典册所载内容一般是当时史官的记录。东晋后期(公元4世纪末、5世纪初),纸张首先被用作官府往来文书的载体,而诏令文书和重要奏疏的载体仍用竹、木简,到隋代竹、木简才废弃不用。从周代到清末,文书载体还曾使用金、玉、铜、铁、石、缣帛等物,是为了长期保存或在某些特殊情况下使用。文书载体用纸以后,诏书用染黄纸,直至清末。明、清时期向上级官员祝贺的禀启用红纸,一般文书都用白纸。历代文书纸式幅面大小不一。从元代开始,纸张册页用折叠式,明代的奏疏沿用,称为本;其余文书用单幅纸。作为官员身份证的诰命文书用卷轴式。清初纸式仍沿明制。

三、文书的发展

中国上古到清代末年各历史时期使用的文书,其发展过程大体可分三个阶段:战国以前属于前期,秦代到南北朝为中期,隋、唐到清代为后期。前期的文书比较简单,中期的各种文书逐渐形成专用的文种名称,各文种也开始有了特定的程式。后期通用文种的载体都已使用纸张,文书处理程序更加严密,各文种的程式也日臻成熟。

早期没有专门的文种名称,统称为书,通常用文书载体的名称来区别它们的重要程度。春秋战国时期文书开始有了按使用目的加上的笼统称谓:刑法典称刑书;结盟文书称为盟书或载书;君王发布命令的文书称为命书;上级官员告诫属下的文书称为语书;等等。秦代开始按不同文件责任者的身份等级和行文目的制定使用文书的专名，把文书区分为许多不同的种类，称为文种。秦、汉以后形成的许多文种，可以概括为三大类：一是皇帝使用的各文种，称为诏令文书；二是臣僚上书皇帝使用的各文种，称为奏疏；三是各官府相互行文使用的各文种，称为官府往来文书。

从唐代开始，国家对文种的名称有了明确的规定，以后宋、元、明、清各代也都有新的规定。清代规定的诏令文书文种名称有诏、诰、敕，是沿用明代文种；处理政务、告诫臣僚的文书称为谕旨，是新增的文种；制书在明代是文种名称，清代则只作为发布诏令的一种文体。清代奏疏沿袭明制，使用奏本和题本，康熙年间又新增一种称为奏折，而奏本则在乾隆年间停止使用。明代官府往来文书中，下行文有札付、帖、照会、故牒等文种，上行文有咨呈、呈状、申状、牒呈、牒上等文种，平行文有咨、关、牒等文种。清代基本上沿袭明制，并且把明代下行文经常使用的牌文定为法定文种，清中期以后又增添程式比较简便的札文作为下行文种之一，把明代上行文使用的呈状简称为呈，把申状分为评文和验文二种。

民国开始，文书用白话文写作，并进行了一些改革，有了新的发展。废除封建社会沿袭了几千年的制、诏、诰、敕、奏、议、疏等旧式文书种类，公布了体现资产阶级民主思想的新文种，如令、咨、呈、示、状、批、公函、布告等，同时对封建王朝的公文处理程序进行了改革。规定公文中不许再用“大人”“老爷”的称呼，官员之间要以职务名称相称，如“局长”“科长”等；在民间文书往来中则互称“先生”或“君”。

中国共产党成立以后，新的文书与文书工作随之诞生。建党初期，秘书制确立，秘书处负责公文的草拟、传递、记录和管理等工作。党对这一时期使用的文书种类也逐渐加以规范，主要有会议纪要、决议案、通告、通令、通电、函、信、布告、宣告、宣言、公开信、告同胞书、考察报告等。之后又相继对公文的种类、格式、程序进行了改革。

新中国成立后，党和政府进一步加强文书工作，发布了一系列重要文件和公文法规，文书和文书工作进入了一个崭新的发展时期。1951 年 9 月国务院发布《公文处理暂行办法》后，又先后五次进行修订，最近的一次是 2012 年中共中央办公厅、国务院办公厅颁发的《党政机关公文处理工作条例》。

从以上对文书形成和发展的简述可以看出，文书随着社会生产的发展而发展，文书种类随着社会事务变化趋于完善，文书的作用随着人们社会实践的发展而不断增强，文书表达的手段、形态及载体也随着科技和社会的进步而发生变化。

四、公文的含义

“公文”一词，最早出现于东汉末年和三国时期。《后汉书・杜栾刘李刘谢列传》说：“州郡忌讳，不欲闻之，但更相告语，莫肯公文。”在《三国志・魏志・和常杨杜赵裴传》中也有“辄白曹公，公文下郡，绵绢悉以还民”的记载。从此以后，公文就成为公务文书的统称了。

现代公文有广义与狭义之分。一般来说，广义的公文泛指机关单位处理公务所用的所有文书，包括党政机关公文和日常事务性公文，而狭义的公文主要指党政机关公文。

党政机关公文是党政机关实施领导、履行职能、处理公务的具有特定效力和规范体式的文书，是传达贯彻党和国家的方针政策，公布法规和规章，指导、布置和商洽工作，请示和答复问题，报告、通报和交流情况等的重要工具。

事务性文书是机关、团体、企事业单位在处理日常事务时用来沟通信息、安排工作、总结得失、研究问题的实用文体。它与党政机关公文的区别在于：一是无统一规定的文本格式；二是不能单独作为文件发文，需要时只能作为党政机关公文的附件行文；三是必要时它可公开面向社会，或提供新闻线索（如简报），或通过传媒宣传（如经验性总结、调查报告等）。

第二节　公文的特点和作用

一、公文的特点

（1）政治性。历史上，公文是统治阶级通过国家执政机关管理国家、施行阶级统治的一种重要工具，是统治阶级意志的体现。现在，公文是各级党政机关施行领导与管理，传达贯彻党和国家的方针、政策，办理各项公务的重要工具，是党和国家路线、方针、政策的具体体现，也是劳动人民根本利益的具体体现。

（2）法定性。公文由法定的作者制定和发布。所谓“法定的作者”，是指那些依法成立，能够以自己的名义行使法定的职能和权力，并担负一定任务、义务的组织。公文的作者是指公文发文的机关，党政机关、依法成立的企事业单位、社会团体都是“法定的作者”。

（3）权威性。党政机关是党和国家权力的执行机关，依法行政是其贯彻依法治国方略的基本要求。公文是党政机关执行权力的重要方法和途径。在法定的职权范围内，公文具有很大的权威性，下级机关对于公文内容必须严格遵守、坚决执行。

（4）实用性。公文是人们在生产、工作、学习、生活实践中，用来办理实际事务、处理实际问题、有直接应用价值的一种工具性文章。“直接应用价值”是公文产生、发展、繁荣的根本原因，是公文的价值所在、生命所在，也是它区别于其他体裁文章最重要的本质特征。

（5）规范性。所谓规范性，就是从内容到形式都符合国家的规定标准。由于公文是党和国家具体领导和管理政务的工具，是机关的喉舌，代表制发机关的法定权威，所以制发公文是一件极其严肃的、具有重要政治意义的工作。为了维护公文的严肃性、权威性，便于进行公文处理，党和国家有关部门发布的关于公文处理的一系列法规性文件中，对公文的体式作出了统一的规定，提出了统一的要求。如公文的制发和办理必须经过规定的处理程序，包括起草、核稿、签发等程序。又如，经过机关领导人签发的文稿才能缮印、用印和传递等。公文规范化还包括文体、书面格式和版面形式的规范化等，我们可以把它叫作公文体式的规范化。

（6）时效性。一是公文的运行要讲究实效；二是公文的执行要讲求实效；三是某一份公文只是在某一段时间内发挥作用。

二、公文的作用

公文在现代社会生活中的作用不可忽视，主要有如下几种：

(1) 领导指导作用。公文多是上级机关对下级机关或者单位领导管理层对所属部门和人员进行工作部署安排而制发的文书，这种下行公文在公文中占大部分的比重，是领导和指导工作的一种方式、手段与工具。下行公文传达党和国家的方针政策、上级的指示以及本单位的有关决定，督促下级组织和个人贯彻执行。由于隶属关系、领导与被领导关系、业务指导关系决定了公文的权威性，因此，公文特别是公文对工作所起的领导和指导作用是非常突出的。

(2) 规范约束作用。公文是在法律、政策的指导下制定的，不能违背法律、政策的原则。特别是根据法律法规、方针政策而制定的规定、制度、办法、意见，更是法律、政策的具体体现，具有很强的权威性和约束力。在当今法治社会，公文对发文者和受文者都有很强的行为规范作用。

(3) 宣传教育作用。党和国家的方针政策、法律法规通过公文的制发予以贯彻执行。行文时不仅要下达任务，明确目标，制定措施，提出要求，而且还要讲清道理，提高认识，达到统一思想、统一行动的目的，以促进公文的顺利实施。因此，公文有着重要和直接的宣传教育作用。

(4) 知照联系作用。随着社会的发展，各个机关、部门、单位之间的联系日趋频繁，在管理公务、处理事务、解决问题时，必然需要互相传递信息，下情上报，上情下达，横向交流，这种联系和沟通往往是通过公文的发送进行的。因此，公文是公务联系的重要工具。

(5) 依据凭证作用。公文是在公务活动中形成的。在一次较大的公务活动中，从开始到结束往往经过多个阶段，并经历多次行文，如开始时有向上的请示、上级的批复，中间还可能有具体问题的请示与上级的指示，结束时有总结、报告等公文和其他文书资料。这些既是当时的真实记录，又是日后查考的重要凭证。许多重要公文的依据凭证作用非常突出。

第三节　公文的分类和种类

一、公文的分类

(1) 按使用范围分为通用公文和专用公文。通用公文：广义上的公文，包括党和国家机关、团体、企事业单位对外制发的各种文件。专用公文：具有专门职能的机关部门使用的公文样式，具有专指内容、特定格式。如外交、司法、经济、军事等专责机关使用的公文。应急管理文书属于专用文书，尽管外界还没有普遍在专用文书中单列“应急管理文书”一类，但我们在这门课中已尝试归类出部分常用应急管理专用文书，并深入讲述其含义、适用范围和写作要求等。

（2）按来源分为发出文件、收来文件和内部文件。发出文件：简称发文，是指本机关（或部门）拟制的向外单位发出的文件。收来文件：简称收文，是指由外机关拟制的作为传达其自身机关的意图而发送到本机关（或部门）来的文件。内部文件：制发和使用都限于机关内部的文件。

（3）按行文关系分为上行文、下行文和平行文。行文关系指发文机关同收文机关之间的公文往来关系。上行文：下级机关、下级业务部门向它所属的上级领导机关和上级业务主管部门所发送的公文，是自下而上的行文，故称上行文。下行文：上级领导机关对所属的下级机关的一种行文。平行文：同级机关或者不相隶属的，没有领导与指导关系的机关之间的一种行文。

（4）按秘密程度分为秘密文件（秘密\机密\绝密）、普通文件和公布文件。秘密文件：内容涉及党和国家的秘密，需要控制知密范围和知密对象的文件。根据文件的秘密程度，又可以确定为秘密、机密、绝密三种。普通文件：相对于秘密文件而言的，也可称为非密文件，内容不涉及党和国家秘密的文件。公布文件：指向人民群众和国内外公开发布的文件。

（5）按办理时限分为特急件、急件和平件。特急件：立即传递和处理。急件：优先传递和处理。平件：按工作常规传递和处理。

（6）按发文机关性质分为官方文件和非官方文件。官方文件主要有法规文件、行政文件和党的文件。法规文件：由中央和地方各级权力机关、行政机关所制发的法律、法令和行政法规文件。法规文件包括：① 法律文件。法律文件在我国是由行使最高立法权的机关——全国人民代表大会按照立法程序制定的。② 法令文件。法令文件是根据宪法的有关规定所制发的一种文件，通常是以中华人民共和国主席或国务院总理的名义发布的。③ 行政法规与规章文件。由国家行政机关和地方行政机关为具体贯彻执行法律、法令和行政法规，对于行政措施、行政制度和活动规则所制定的条例、办法、细则、规定等。行政文件：国家机关在日常公务活动中所形成和使用的文件。党的文件：由中国共产党的机关、组织形成和使用的文件。非官方文件：各社会组织、企事业单位制发的文件。

（7）按公文内容性质分为规范性文件、指挥决策性文件、报请商洽性文件、公布知照性文件和记录性文件。规范性文件：由机关、组织、社会团体制定的，要求其成员在活动、工作等方面严格遵守的行为规范。指挥决策性文件：上级领导机关对下级机关或群众发出的用以领导和指导工作的公文。报请商洽性文件：下级机关向上级机关汇报工作、反映情况、请示问题时所使用的陈述性、请求性公文以及同级及没有隶属关系的单位为公务活动使用的公文。公告知照性文件：机关单位发布的需要周知或遵守，以及各机关单位之间联系工作、通报情况所使用的公文。记录性文件：各机关、组织用以记载公务活动以备查考的公文。

二、公文的种类

《党政机关公文处理工作条例》规定的公文有15种。

(1) 决议。适用于会议讨论通过的重大决策事项。

(2) 决定。适用于对重要事项作出决策和部署、奖惩有关单位和人员、变更或者撤销下级机关不适当的决定事项。

(3) 命令(令)。适用于公布行政法规和规章、宣布施行重大强制性措施、批准授予和晋升衔级、嘉奖有关单位和人员。

(4) 公报。适用于公布重要决定或者重大事项。

(5) 公告。适用于向国内外宣布重要事项或者法定事项。

(6) 通告。适用于在一定范围内公布应当遵守或者周知的事项。

(7) 意见。适用于对重要问题提出见解和处理办法。

(8) 通知。适用于发布、传达要求下级机关执行和有关单位周知或者执行的事项,批转、转发公文。

(9) 通报。适用于表彰先进、批评错误、传达重要精神和告知重要情况。

(10) 报告。适用于向上级机关汇报工作、反映情况,回复上级机关的询问。

(11) 请示。适用于向上级机关请求指示、批准。

(12) 批复。适用于答复下级机关请示事项。

(13) 议案。适用于各级人民政府按照法律程序向同级人民代表大会或者人民代表大会常务委员会提请审议事项。

(14) 函。适用于不相隶属机关之间商洽工作、询问和答复问题、请求批准和答复审批事项。

(15) 纪要。适用于记载会议主要情况和议定事项。

第四节　公文格式

一、公文的一般格式

公文一般由份号、密级和保密期限、紧急程度、发文机关标志、发文字号、签发人、标题、主送机关、正文、附件说明、发文机关署名、成文日期、印章、附注、附件、抄送机关、印发机关和印发日期、页码等组成。

(1) 份号。公文印制份数的顺序号。涉密公文应当标注份号。如需标注份号,一般用6位3号阿拉伯数字,顶格编排在版心左上角第一行。

(2) 密级和保密期限。公文的秘密等级和保密的期限。涉密公文应当根据涉密程度分别标注"绝密""机密""秘密"和保密期限。如需标注密级和保密期限,一般用3号黑体字,顶格编排在版心左上角第二行；保密期限中的数字用阿拉伯数字标注。

(3) 紧急程度。公文送达和办理的时限要求。根据紧急程度，紧急公文应当分别标注"特急""加急"，电报应当分别标注"特提""特急""加急""平急"。如需标注紧急程度，一般用3号黑体字，顶格编排在版心左上角；如需同时标注份号、密级和保密期限、紧急程度，按照份号、密级和保密期限、紧急程度的顺序自上而下分行排列。

(4) 发文机关标志。由发文机关全称或者规范化简称加"文件"二字组成，也可以使用发文机关全称或者规范化简称。联合行文时，发文机关标志可以并用联合发文机关名称，也可以单独用主办机关名称。发文机关标志居中排布，上边缘至版心上边缘为35 mm，推荐使用小标宋体字，颜色为红色，以醒目、美观、庄重为原则。联合行文时，如需同时标注联署发文机关名称，一般应当将主办机关名称排列在前；如有"文件"二字，应当置于发文机关名称右侧，以联署发文机关名称为准上下居中排布。

(5) 发文字号。由发文机关代字、年份、发文顺序号组成。联合行文时，使用主办机关的发文字号。编排在发文机关标志下空二行位置，居中排布。年份、发文顺序号用阿拉伯数字标注；年份应标全称，用六角括号"〔〕"括入；发文顺序号不加"第"字，不编虚位(即1不编为01)，在阿拉伯数字后加"号"字。上行文的发文字号居左空一字编排，与最后一个签发人姓名处在同一行。

(6) 签发人。上行文应当标注签发人姓名。由"签发人"三字加全角冒号和签发人姓名组成，居右空一字，编排在发文机关标志下空二行位置。"签发人"三字用3号仿宋体字，签发人姓名用3号楷体字。如有多个签发人，签发人姓名按照发文机关的排列顺序从左到右、自上而下依次均匀编排，一般每行排两个姓名，回行时与上一行第一个签发人姓名对齐。

(7) 标题。由发文机关名称、事由和文种组成。一般用2号小标宋体字，编排于红色分隔线下空二行位置，分一行或多行居中排布；回行时，要做到词意完整，排列对称，长短适宜，间距恰当，标题排列应当使用梯形或菱形。

(8) 主送机关。公文的主要受理机关，应当使用机关全称、规范化简称或者同类型机关统称。编排于标题下空一行位置，居左顶格，回行时仍顶格，最后一个机关名称后标全角冒号。如主送机关名称过多导致公文首页不能显示正文时，应当将主送机关名称移至版记。

(9) 正文。公文的主体，用来表述公文的内容。公文首页必须显示正文。一般用3号仿宋体字，编排于主送机关名称下一行，每个自然段左空二字，回行顶格。文中结构层次序数依次可以用"一、""(一)""1.""(1)"标注；一般第一层用黑体字、第二层用楷体字、第三层和第四层用仿宋体字标注。

(10) 附件说明。公文附件的顺序号和名称。如有附件，在正文下空一行左空二字编排"附件"二字，后标全角冒号和附件名称。如有多个附件，使用阿拉伯数字标注附件顺序号(如"附件：1. ×××××")；附件名称后不加标点符号。附件名称较长需回行时，应当与上一行附件名称的首字对齐。

(11) 发文机关署名。署发文机关全称或者规范化简称。单一机关行文时，一般在成文日期之上、以成文日期为准居中编排发文机关署名。联合行文时，一般将各发文机关署名按照发文机关顺序整齐排列在相应位置。

(12) 成文日期。署会议通过或者发文机关负责人签发的日期。联合行文时，署最后签发机关负责人签发的日期。用阿拉伯数字将年、月、日标全，年份应标全称，月、日不编虚位(即 1 不编为 01)。当公文排版后所剩空白处不能容下印章或签发人签名章、成文日期时，可以采取调整行距、字距的措施解决。

(13) 印章。公文中有发文机关署名的，应当加盖发文机关印章，并与署名机关相符。有特定发文机关标志的普发性公文和电报可以不加盖印章。加盖发文机关印章时，印章端正、居中，下压发文机关署名和成文日期，使发文机关署名和成文日期居印章中心偏下位置，印章顶端应当上距正文(或附件说明)一行之内。联合行文时，各发文机关印章和署名一一对应、端正、居中，下压发文机关署名，最后一个印章端正、居中，下压发文机关署名和成文日期，印章之间排列整齐，互不相交或相切，每排印章两端不得超出版心，首排印章顶端应当上距正文(或附件说明)一行之内。

(14) 附注。公文印发传达范围等需要说明的事项。如有附注，居左空二字加圆括号编排在成文日期下一行。

(15) 附件。公文正文的说明、补充或者参考资料。附件应当另面编排，并在版记之前，与公文正文一起装订。“附件”二字及附件顺序号用 3 号黑体字顶格编排在版心左上角第一行。附件标题居中编排在版心第三行。附件顺序号和附件标题应当与附件说明的表述一致。附件格式要求同正文。如附件与正文不能一起装订，应当在附件左上角第一行顶格编排公文的发文字号并在其后标注“附件”二字及附件顺序号。

(16) 抄送机关。除主送机关外需要执行或者知晓公文内容的其他机关，应当使用机关全称、规范化简称或者同类型机关统称。如有抄送机关，一般用 4 号仿宋体字，在印发机关和印发日期之上一行、左右各空一字编排。“抄送”二字后加全角冒号和抄送机关名称，回行时与冒号后的首字对齐，最后一个抄送机关名称后标句号。如需把主送机关移至版记，除将“抄送”二字改为“主送”外，编排方法同抄送机关。既有主送机关又有抄送机关时，应当将主送机关置于抄送机关之上一行，之间不加分隔线。

(17) 印发机关和印发日期。公文的送印机关和送印日期。印发机关和印发日期一般用 4 号仿宋体字，编排在末条分隔线之上，印发机关左空一字，印发日期右空一字，用阿拉伯数字将年、月、日标全，年份应标全称，月、日不编虚位(即 1 不编为 01)，后加“印发”二字。版记中如有其他要素，应当将其与印发机关和印发日期用一条细分隔线隔开。

(18) 页码。公文页数顺序号。一般用 4 号半角宋体阿拉伯数字，编排在公文版心下边缘之下，数字左右各放一条一字线；一字线上距版心下边缘 7 mm。单页码居右空一字，双页码居左空一字。公文的版记页前有空白页的，空白页和版记页均不编排页码。公文的附件与正文一起装订时，页码应当连续编排。

公文使用的汉字、数字、外文字符、计量单位和标点符号等，按照有关国家标准和规定执行。民族自治地方的公文，可以并用汉字和当地通用的少数民族文字。公文用纸幅面采用国际标准 A4 型。特殊形式的公文用纸幅面，根据实际需要确定。A4 纸型的表格横排时，页码位置与公文其他页码保持一致，单页码表头在订口一边，双页码表头在切口一边。

二、公文的特定格式

（1）信函格式。发文机关标志使用发文机关全称或者规范化简称，居中排布，上边缘至上页边为 30 mm，推荐使用红色小标宋体字。联合行文时，使用主办机关标志。发文机关标志下 4 mm 处印一条红色双线（上粗下细），距下页边 20 mm 处印一条红色双线（上细下粗），线长均为 170 mm，居中排布。如需标注份号、密级和保密期限、紧急程度，应当顶格居版心左边缘编排在第一条红色双线下，按照份号、密级和保密期限、紧急程度的顺序自上而下分行排列，第一个要素与该线的距离为 3 号汉字高度的 7/8。发文字号顶格居版心右边缘编排在第一条红色双线下，与该线的距离为 3 号汉字高度的 7/8。标题居中编排，与其上最后一个要素相距二行。第二条红色双线上一行如有文字，与该线的距离为 3 号汉字高度的 7/8。首页不显示页码。版记不加印发机关和印发日期、分隔线，位于公文最后一面版心内最下方。

（2）命令（令）格式。发文机关标志由发文机关全称加“命令”或“令”字组成，居中排布，上边缘至版心上边缘为 20 mm，推荐使用红色小标宋体字。发文机关标志下空二行居中编排令号，令号下空二行编排正文。

（3）纪要格式。纪要标志由“×××××纪要”组成，居中排布，上边缘至版心上边缘为 35 mm，推荐使用红色小标宋体字。标注出席人员名单，一般用 3 号黑体字，在正文或附件说明下空一行左空二字编排“出席”二字，后标全角冒号，冒号后用 3 号仿宋体字标注出席人单位、姓名，回行时与冒号后的首字对齐。标注请假和列席人员名单，除依次另起一行并将“出席”二字改为“请假”或“列席”外，编排方法同出席人员名单。纪要格式可以根据实际制定。

三、公文样式

为提高党政机关公文的规范化、标准化水平，2012 年 6 月 29 日，国家质量监督检验检疫总局、国家标准化管理委员会发布了《党政机关公文格式》国家标准（GB/T 9704—2012）。该标准于 2012 年 7 月 1 日起正式实施。此标准是对国标《国家行政机关公文格式》（GB/T 9704—1999）的修订，对公文用纸、印刷装订、格式要素、式样等作出了具体规定。

A4 型公文用纸页边及版心尺寸见图 1-1，公文首页版式见图 1-2，联合行文公文首页版式 1 见图 1-3，联合行文公文首页版式 2 见图 1-4，公文末页版式 1 见图 1-5，公文末页版式 2 见图 1-6，联合行文公文末页版式 1 见图 1-7，联合行文公文末页版式 2 见图 1-8，附件说明页版式见图 1-9，带附件公文末页版式见图 1-10，信函格式首页版式见图 1-11，命令（令）格式首页版式见图 1-12。

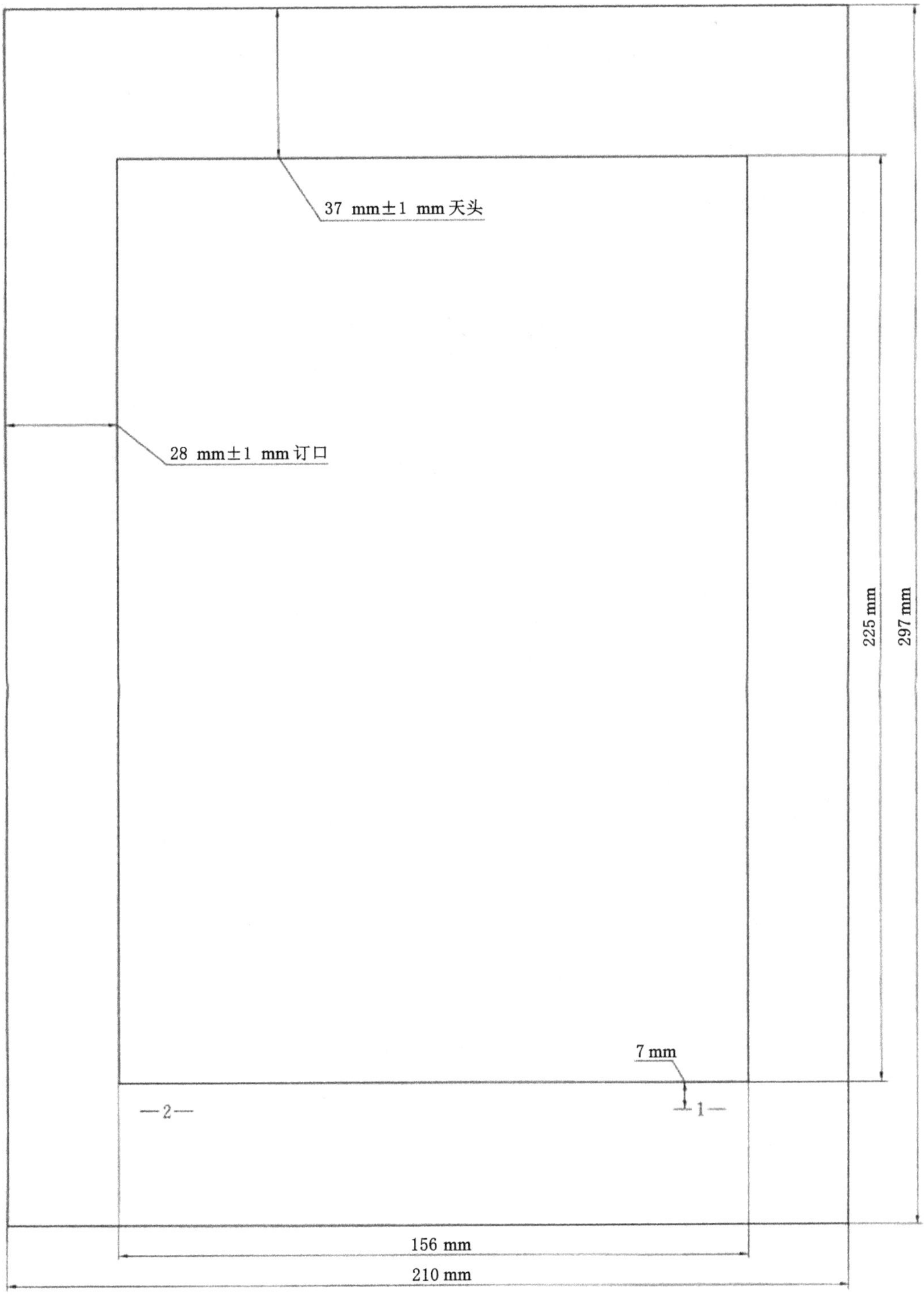

图 1-1　A4 型公文用纸页边及版心尺寸

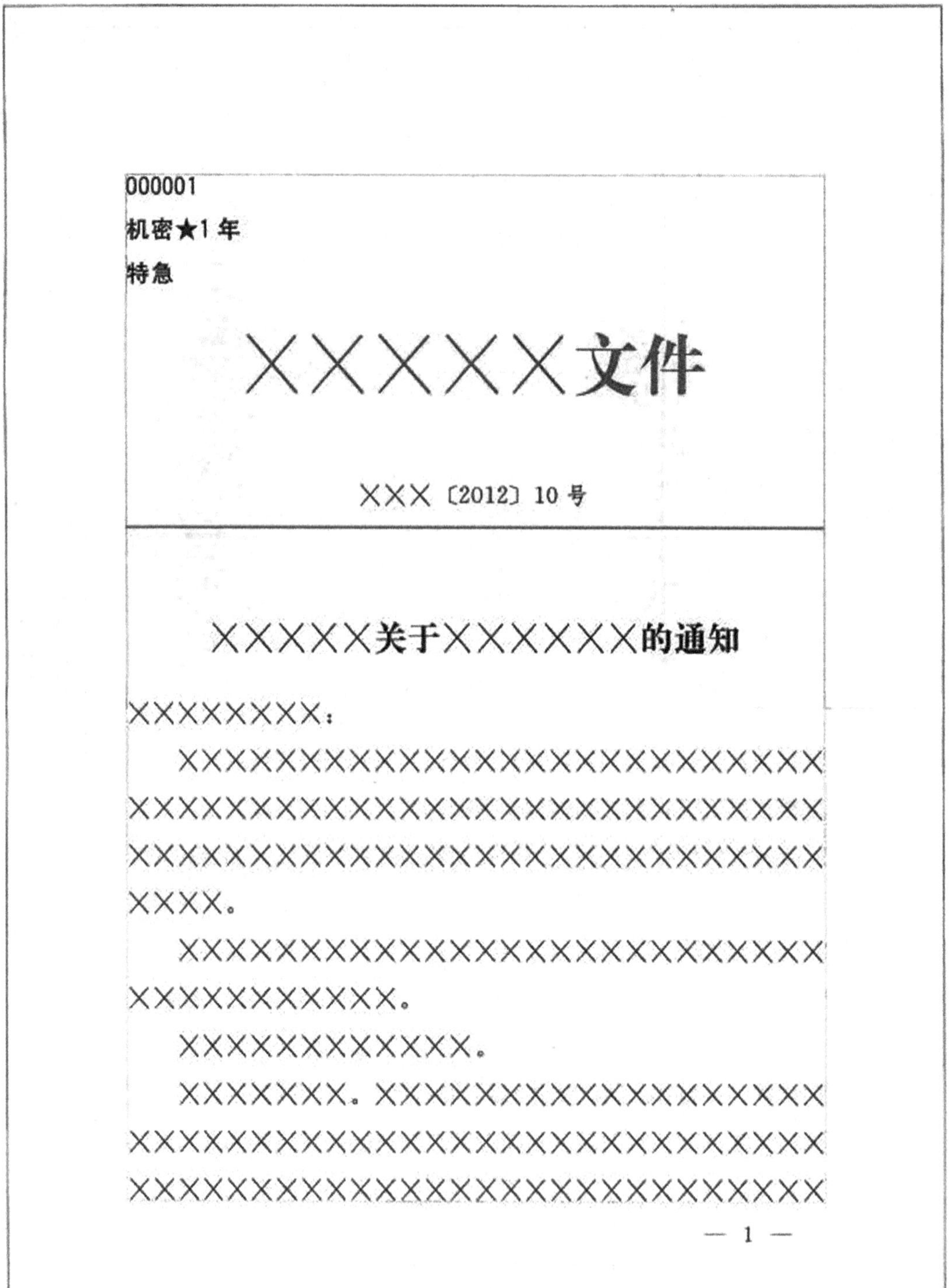

000001

机密★1年

特急

XXXXX文件

XXX〔2012〕10号

XXXXX关于XXXXXX的通知

XXXXXXXX：

XXXXXXXXXXXXXXXXXXXXXXXXXXXXXXXXXXXXXXXXXXXXXXXXXXXXXXXXXXXXXXXXXXXXXXXXXXXXXXXXXXXX。

XXXXXXXXXXXXXXXXXXXXXXXXXXXXXXXXXXXXXXX。

XXXXXXXXXXXX。

XXXXXXX。XXXXXXXXXXXXXXXXXXXXXXXXXXXXXXXXXXXXXXXXXXXXXXXXXXXXXXXXXXX

— 1 —

图 1-2　公文首页版式

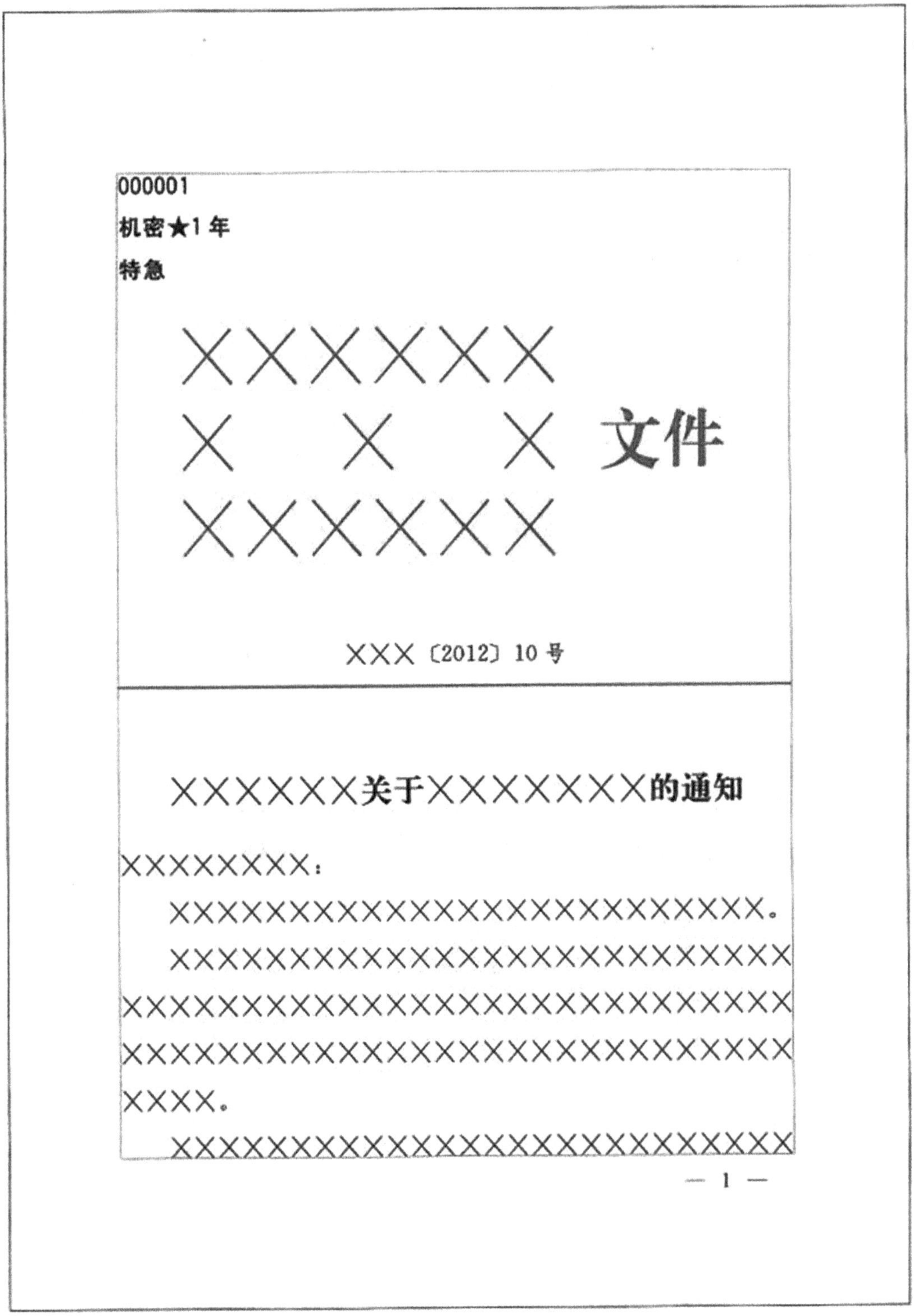

000001

机密★1年

特急

XXXXXX
X X X 文件
XXXXXX

XXX〔2012〕10号

XXXXXX关于XXXXXXX的通知

XXXXXXXX：

XXXXXXXXXXXXXXXXXXXXXXXXX。

XXXXXXXXXXXXXXXXXXXXXXXXXX
XXXXXXXXXXXXXXXXXXXXXXXXXXXX
XXXXXXXXXXXXXXXXXXXXXXXXXXXX
XXXX。

XXXXXXXXXXXXXXXXXXXXXXXXXX

— 1 —

图 1-3 联合行文公文首页版式 1

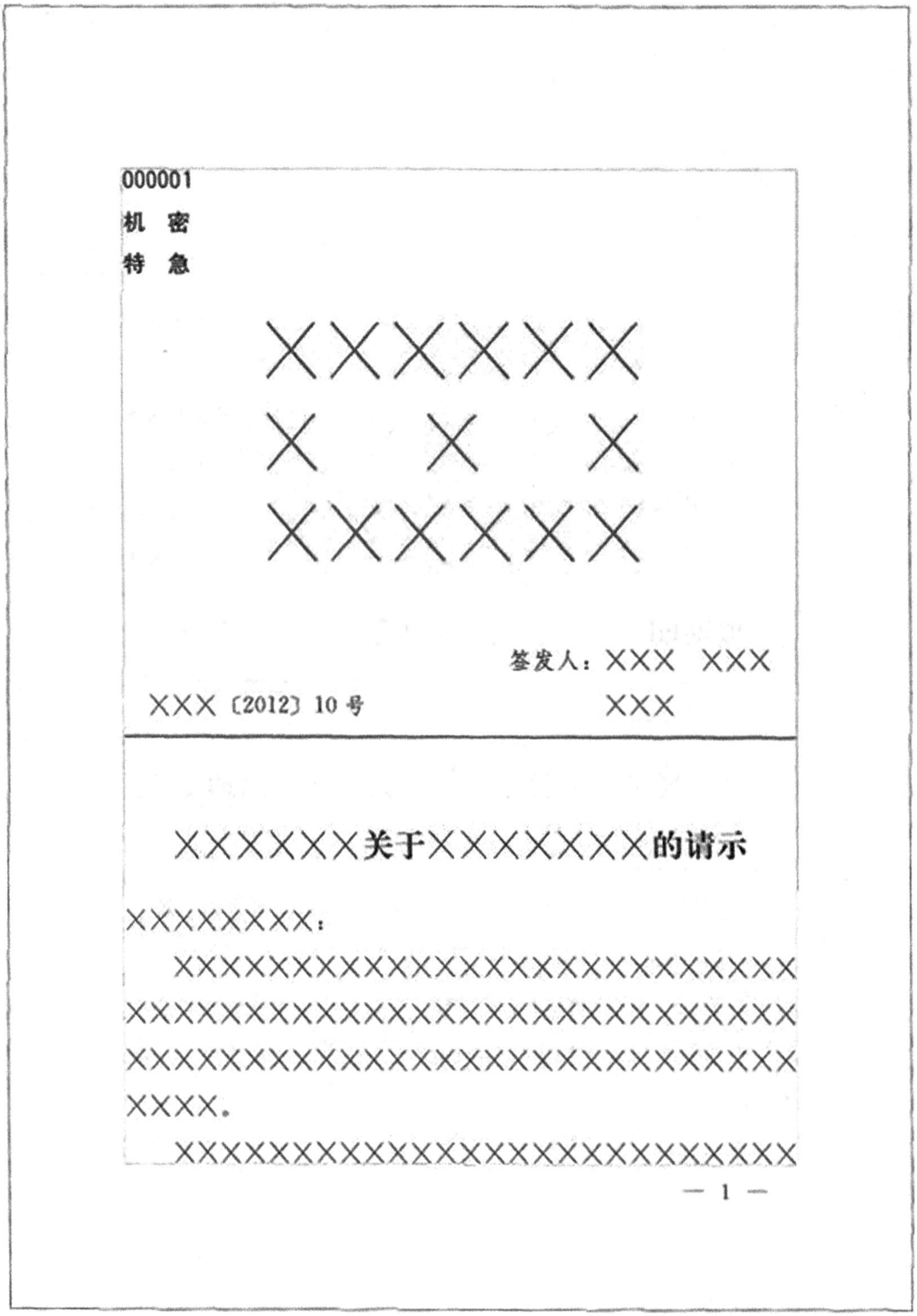
000001
机 密
特 急

××××××
× × ×
××××××

签发人：××× ×××
×××〔2012〕10号 ×××

××××××关于×××××××的请示

××××××××：

×××。

××××××××××××××××××××××××××××

— 1 —

图 1-4 联合行文公文首页版式 2

XXXXXXXXXXXXXXX。
XXXXXXXXXXXXXXXXXXXXXXXXXX
XXXXXXXXXXXXXXXXXXXXXXXXXXXX
XXXXXXXXXXXX。
中华人民共和国XXXX部
2012年7月1日
（XXXXX）
抄送：XXXXXXXX，XXXXXX，XXXXX，XXXXX，XXXXX。
XXXXXXXXX
2012年7月1日印发
— 2 —

图1-5　公文末页版式1

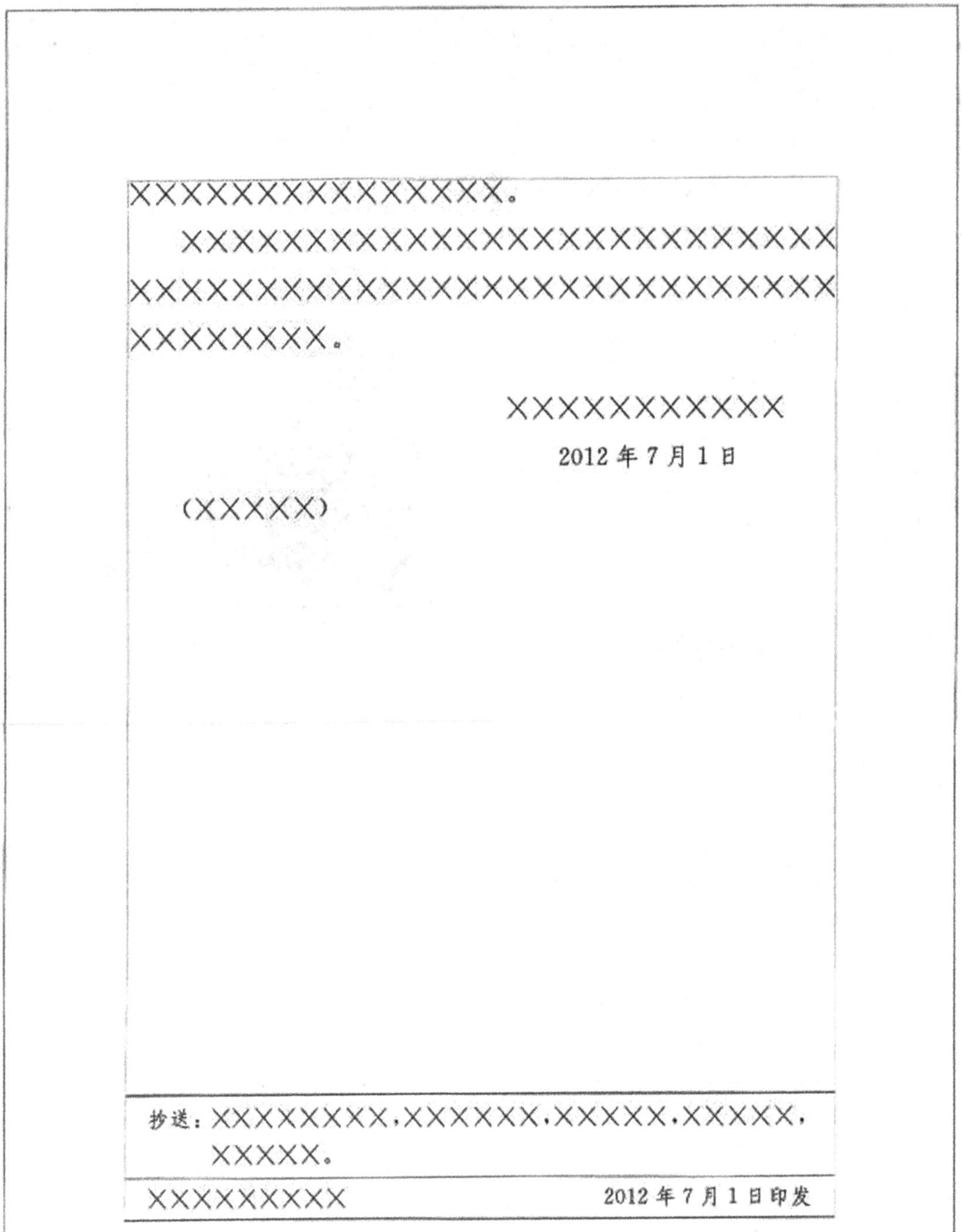

XXXXXXXXXXXXXXX。

XXXXXXXXXXXXXXXXXXXXXXXXXX XXXXXXXXXXXXXXXXXXXXXXXXXXXX XXXXXXXXX。

XXXXXXXXXXXX

2012年7月1日

（XXXXX）

抄送：XXXXXXXX，XXXXXX，XXXXX，XXXXX，XXXXX。

XXXXXXXXX　　2012年7月1日印发

— 2 —

图 1-6　公文末页版式 2

XXXXXXXXXXXXXXX。

XXXXXXXXXXXXXXXXXXXXXXXXXXXXXXXXXXXXXXXXXXXXXXXXXXXXXXXXXXXXXXXXXXX。

中共中央XXXX部　　中华人民共和国XXXX部

2012年7月1日

（XXXXX）

抄送：XXXXXXXX，XXXXXX，XXXXX，XXXXX，XXXXX。

XXXXXXXXX　　2012年7月1日印发

— 2 —

图 1-7　联合行文公文末页版式 1

XXXXXXXXXXXXXXX。

XXXXXXXXXXXXXXXXXXXXXXXXXXXXXXXXXXXXXXXXXXXXXXXXXXXXXXXXXXXXXXXXXXXXXX。

2012年7月1日

（XXXXX）

抄送：XXXXXXXX，XXXXXX，XXXXX，XXXXX，XXXXX。

XXXXXXXXX 2012年7月1日印发

— 2 —

图 1-8　联合行文公文末页版式 2

XXXXXXXXXXXXXXX。

XXXXXXXXXXXXXXXXXXXXXXXXXXXXXXXXXXXXXXXXXXXXXXXXXXXXXXXXXXXXXXXXX。

附件：1. XXXXXXXXXXXXXXXXXXXXXXXXXX

2. XXXXXXXXXXXXX

XXXXXXX

X X X X

2012 年 7 月 1 日

（XXXXX）

— 2 —

图 1-9　附件说明页版式

附件 2

XXXXXXXXXXXXXX

XXXXXXXXXXXXXXXXXXXXXXXXXX
XXXXXXXXXXXXXXXXXXXXXXXXXXXX
XXX。

XXXXXXXXXXXXXXXXXXXXXXXXXX
XXXXXXXXXXXXXXXXXXXXXXXXXXXX
XXXXXXXXXXXXXXXXXXXXXXXXXXXX
XXXXXXXXXXXXXXXXXXXXXXXXXXXX
XXXXXXXXXXXXXXXXXXXXXXXXXXXX
XXXXXXXXXXXXXXX。

抄送：XXXXXXXX，XXXXXX，XXXXX，XXXXX，
XXXXX。

XXXXXXXXX **2012 年 7 月 1 日印发**

— 4 —

图 1-10　带附件公文末页版式

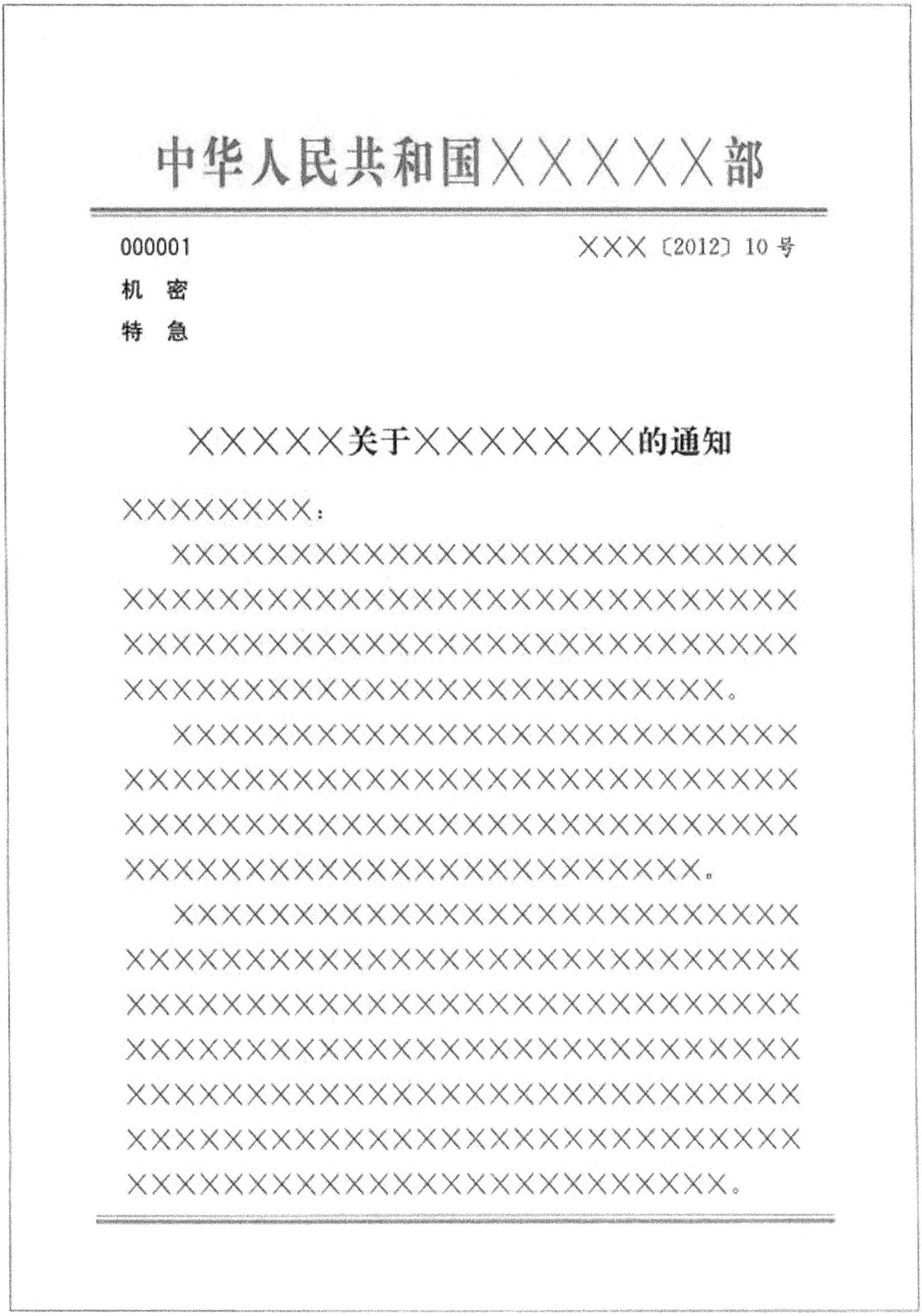

中华人民共和国XXXXX部

000001　　　　　　　　　　　　XXX〔2012〕10号

机　密

特　急

XXXXX关于XXXXXXX的通知

XXXXXXXX：

XXXXXXXXXXXXXXXXXXXXXXXXXX XXXXXXXXXXXXXXXXXXXXXXXXXXXX XXXXXXXXXXXXXXXXXXXXXXXXXXXX XXXXXXXXXXXXXXXXXXXXXXXXX。

XXXXXXXXXXXXXXXXXXXXXXXXXX XXXXXXXXXXXXXXXXXXXXXXXXXXXX XXXXXXXXXXXXXXXXXXXXXXXXXXXX XXXXXXXXXXXXXXXXXXXXXXXX。

XXXXXXXXXXXXXXXXXXXXXXXXXX XXXXXXXXXXXXXXXXXXXXXXXXXXXX XXXXXXXXXXXXXXXXXXXXXXXXXXXX XXXXXXXXXXXXXXXXXXXXXXXXXXXX XXXXXXXXXXXXXXXXXXXXXXXXXXXX XXXXXXXXXXXXXXXXXXXXXXXXXXXX XXXXXXXXXXXXXXXXXXXXXXXXX。

图1-11　信函格式首页版式

××××××令

第×××号

　　××××××××××××××××××××××××××
×××××××××××××××××××××××××××。
××××××××××××××××××××××××××××
×××××××××××××××××××××××××。

部　长　×××

2012年7月1日

— 1 —

图 1-12　命令(令)格式首页版式

第五节　公文写作要领

公务文书的撰写包括草拟、审核和修改的全过程。公文撰写相对于发文的其他环节来说，难度最大，需耗费艰苦细致的劳动，是一项思想性、政策性、业务性都很强的工作。

一、公文写作的基本要求

（一）具有合法性

公文的制发是为了贯彻党和国家的方针政策及有关法律法规，是为了推动工作的开展。因此，撰写的公文内容必须与党和国家现时期、现阶段的大政方针保持一致，符合法律法规，符合本系统、本部门的有关方针政策和要求。

（二）符合客观实际，准确属实

符合客观实际，一是根据客观实际需要拟写公文，发文的目的非常明确；二是公文的内容符合客观实际，发文的针对性非常强，能解决实际问题。准确属实，首先要准确地表达公文制发的政策依据与发文机关的决策、意图；其次对公文中包含的信息内容作准确表述，对事物的性质、范围、程度要据实记述和分析，对有关事实、数据等均要经过检查、订正。

（三）加强纵向沟通与横向协调

撰写公文时要了解各层次的有关情况，并在同层次各部门之间搞好协调配合，避免互相矛盾，各吹各的号，各唱各的调。这是保证公文的权威性、严密性的基本要求。

（四）讲究时效

公文是有时效性的。对于某项公务活动而言，公文发挥效用是有时间限度的。如果制发公文没有时效观念，或者处理、传递环节出问题，就有可能使公文丧失效用。

（五）主题明确，符合体式要求

公文应当主题鲜明、集中，能够体现发文机关的意图。文字应当简明扼要，注意信息的浓缩、概括，必须表达顺畅，使阅文者易于阅读理解。公文还要符合特定体式要求。

二、公文撰写的步骤和方法

撰写公文，由于文种不同，内容不同，其步骤、方法也不一致。一般要经过下列步骤和方法，即明确主题，调查研究，选择文种，拟定提纲，草拟正文。下面综合介绍相关研究中对公文撰写步骤方法的概括与总结。

（一）准备阶段

撰写前的准备工作是公文写作的基础，特别是一些重要的篇幅较大的公文，如工作总结、工作报告、安全生产规划等，没有一定的准备是写不好的。这一阶段应进行以下工作：

1. 明确行文的目的和要求。明确发文的目的和要求，应考虑选用什么文种。首先写作者要搞明白文种的概念、特点、适用范围、写作要求，对相近文种的差别要分清楚，不要发生滥用、错用和生造文种的问题。其次是要搞清楚本机关的职责权限，不能发生发文越权的问题。明确发文的目的和要求，应着重考虑公文的主题。公文的主题是公文的灵魂，要做到正确、集中、深刻、鲜明。要符合党和国家的方针政策，并与实际密切结合；要重点突出，一个文件只能表达一个主题；要抓住主要矛盾，把问题搞深搞透；要观点明确，不能模棱两可。因此，撰写者要围绕主题和中心，搞清楚主要抓什么问题，主要的指导思想和解决问题的意见措施是什么，汇报情况应重点反映什么问题，请示事项应重点拟请领导机关答复和解决什么问题等。明确发文的目的和要求，应考虑文件发送和阅读的对象，发文还有哪些具体要求。比如发文只是为了让受文机关了解还是要求受文机关答复，是要求下级机关贯彻执行还是仅供有关部门参考等。

2. 收集材料，调查研究。材料是公文写作的基础，主题来源于材料，材料表现主题。材料从哪里来？材料靠撰写者调查研究而来，靠平时收集积累而来。撰写者开展材料收集和调研工作，一要注意收集阅读有关文件材料，包括现实的和历史的文件材料。现实的文件材料最能体现新情况、新经验和新问题，历史的文件材料则具有很高的对比、研究和参考价值。二要注意收集相关的实际材料，包括正面的和反面的、赞成的和反对的、点上的和面上的、直接的和间接的，从而对问题有一个比较全面的认识。对资料的收集，一定要善于积累，长年坚持，就建成了资料库；还要善于整理编排，需要时好查好找。这在信息社会的今天，都是能够做到的。

（二）撰拟阶段

撰拟文稿是公文写作的核心环节。为保证公文的质量，提高撰写的效率，正文拟写之前先要拟写详略得当的提纲，对公文的结构有一个整体设计。对于简短的公文，在撰写前不一定制作提纲，但构思一下结构也是有好处的。对于篇幅较长、内容较为重要的公文，则需要拟制一个较为周密、细致的写作提纲。拟制提纲通常应包括以下各项内容：

1. 斟酌文件的标题。文件的标题有画龙点睛的作用，是文件主题、中心的集中体现，对阅读者能够起到导向作用。拟好标题，能够帮助写作者始终把握文件写作的中心。

2. 设想文件的开头。开头是文件的起点和入笔。写好开头，不仅是全篇思路展开的关键，同时也为下文定下了基调。开头写得好，一下子就能抓住读者。公文写作不同于其他写作，要求不兜圈子，不绕弯子，开门见山，直入主题。

常用的开头方式有：① 开门见山。即以简要的文字对文件的主题进行概括，作为文件的开头。这种直接破题的方式在简短公文中最为多见。② 说明行文根据。即说明制作文件的依据和指导思想，并作为文件的开头。常常以“根据”“遵照”“依照”等词引出下文，体现文件的权威性。③ 说明行文原因和目的。即以为什么要制发该文件作为公文的开头。

常常开篇即摆出事物的现状、问题和原因，自然引出有针对性地要做什么，常用“为了”“由于”“因为”等介词作为引语。

3. 谋划正文的层次。层次清晰分明，是对文章的基本要求。由于公文的写作要求更高、更严格，所以对公文主体层次的划分要求也就更为严谨。公文层次一般是指文件内容的表述次序，应该合乎逻辑，联为一体。如果主体内容较多，可以以序号分几部分表述，也可以不用序号分几个自然段表述。对主体部分的结构层次常用以下方式推进：

先总后分。即先对主体作总的概括，接着将各部分内容分别表述，分叙的部分之间是并列关系。通知、通报、计划等文书通常采用这种方式。

逐渐递进。即围绕同一内容，各层次之间的关系是层层递进、步步加深的关系。某些指导性的通知或请示也用这种方式。

纵贯时序。即各层次的内容是按所写事物的时间推移来安排结构顺序，纵贯事物发生发展的全过程。比如会议纪要就常用这种方式，先介绍会议的基本情况，再介绍会议讲话及形成的决议、决定等。

除此之外，还有以管理活动的发展阶段、问题、空间等为序划分公文主体部分的层次，如调查报告、工作报告、简报等就分别适用这种方式。撰文时还要注意各层次之间、段落之间的过渡和照应。文章过渡得好，能使行文流畅、结构严谨、脉络清楚；照应得好，能使文章内容连贯、结构完整、浑然一体。

4. 考虑适当的结尾。根据文种和内容的不同，文件有不同的结尾，也各有不同的要求。总的来说，结尾有以下几种：

定型式结束语。长期以来，许多不同文种的公文，已经形成结尾的固定用语。如一般请示、报告的结尾，用“以上请示如无不当，请批复”“当否，请指示”“以上报告妥否，请阅审”等；一般通告、通知，用“特此通告”“现予公布”“特此通知”等。

提出要求。上级下发的指导性文件，通常在结尾提出希望和号召，指明今后工作努力的方向；商洽性文件，一般在结尾提出意见和措施。

总结点题。即对全文作简短概括，使阅文者对全文加深印象。

自然结尾。就是讲完即收，这种情况通常是结尾已在主体部分得到表达。

总之，无论采用哪种方式，公文的结尾都应该干净利落、总结全文、深化主题，不能故作姿态，堆砌废话。

（三）审核修改阶段

文稿拟好后，还要认真把关、反复阅读、严格审核、仔细修改。

1. 撰写者自己要对初稿进行“审查”。是否文种正确，体式规范；是否主题突出，中心明确；是否符合政策，结合实际；是否层次清楚，表述准确；等等。反复推敲，仔细修改，直到自己满意才拿出来送审。

2. 要按照审查意见进行修改。重要的文件，往往要经过组织会议审查，撰写者要认真听取审查意见，做好记录，根据会议决定或领导指示，逐项进行修改。不要认为自己的文稿是不需要修改的，更不要认为自己的文稿是不能修改的。公文不是私文，公文是由领导把关的，领导有权审查或组织审查，有权修改，有权决定是否签发，撰写者不能以个人意见为准。

三、公务文书撰写的语言要求

（一）公文语言的基本要求

语体是运用语言的体式。公文语体与文学语体不同，文学语体追求语言的形象性和生动性，公文语体则讲求它的真实性、准确性和生动性。因此，公文语言应符合公文语体的要求，戒修饰，重实际，求明晰，讲程序。具体要求是：

1. 准确、鲜明、生动。毛泽东说过："文章和文件都应当具有这样三种性质：准确性、鲜明性、生动性。"公文用语只有准（准确），才能信（真实）；只有信，才能服（令人信服）。人们常说："一字人公文，九牛拔不出。"说明公文语言容不得半点马虎，非仔细琢磨不可。稍有不慎，往往因为一两句话或一两个字词运用不当，造成重大失误和损失。因此，准确性是公文的生命。语言的鲜明生动是公文写作的又一标准。我们说公文语言要朴实，并不是说公文语言可以不讲求形式美，让人听了瞌睡，看了头疼。生动的语言来自生活，来自百姓，经过锤炼而成，想写出符合要求的公文，只有下苦功夫，没有捷径可走。

2. 庄重严谨，简明通顺。公文是代表发文机关发言的，只有用语庄重严谨、准确周密、雅正不俗，才能富有表现力，体现生动性。为此，公文写作一定要用规范的语言，不能自己生造和滥用。所谓简明，即要简洁明了，言简意赅。

3. 平实得体，通俗易懂。公文语言讲求清新自然，朴实无华，"辞达而已"，"不能因辞害其意"。文字不怕朴实，朴实也能生动，也能有色彩。

（二）公文常用语介绍

1. 开端用语。主要有"据""根据""依据""依照""遵照""按照""由于""关于""对于""为""为了""鉴于""查""兹""兹将""兹因""兹定于"等。

2. 期请用语。主要有"请""恳请""敬请""拟请""务请""特请""提请""报请""希望""期盼""切盼"等。

3. 称谓用语。主要有"我局（厂、校）""你局（厂、校）""本局（厂、校）"等。

4. 引叙用语。主要有"收""接""悉""前收""前接""近收""近接""据查""据报""据了解""电悉""敬悉""欣悉"等。

5. 经办用语。主要有"经""业经""兹经""已经""一经""经过""前经"等。

6. 谆嘱用语。主要有"请遵照执行""参照执行""遵照办理""照此办理""如实呈报""如实上报""按时完成""如期完成""责令""责成"等。

7. 表态用语。主要有"同意""不同意""可行""不可行""很好""照办""应""应该""批准”“拟同意”“照此办理”“遵照执行”“酌情处理”等。

8. 协商用语。主要有“当否”“可否”“妥否”“能否”“是否可行”“是否妥当”“如无不妥”“如无不当”“如有不妥”等。

在公文写作中，正确地运用模糊语言，可提高语言表达的概括性、准确性。因为公务活动本身没有一个精确的界限，所以用以反映公务活动的公文语言的含义就不可能是十分确定的。一般说来，公文中模糊语言的运用通常是用来表述带有模糊性的概念或本身就需要留有余地的内容，如“最近”“近来”“近日”“今年以来”“一年来”“上午”“下午”“在适当的时候”“所有”“少数”“一些”“多数”“大多数”“绝大多数”“逐步”“很大”“很高”“极大”“一般”“大致”“几乎”“普遍”“原则上”“进一步”“或许”等。

（三）公文遣词十戒

公文撰拟中，遣词造句也是很重要的。文书学家苗枫林在《中国文书学》中提出的“遣词十戒”，应成为公文撰写者遵从的规范。“遣词十戒”分别为：

1. 戒生僻词。对于那些难读、难懂，有可能造成传递失误的生僻字、生僻词，要尽量避免使用。

2. 戒重出。在行文时，要避免某一个字、词以不同的含义多次出现，以免造成阅读的困难和理解上的歧义。

3. 戒称谓混乱。如简称混乱、代称混乱、异名混乱等。称谓是公文中论及的对象，出现混乱时会导致理解上的混乱。

4. 戒主从多变。在一个句子或相近的句子中，如果主从关系多变，容易造成理解和判断上的混乱。例如“要满腔热情地给领导提意见，走群众路线”，这句话就出现了主从关系变换，前一句讲的是群众，后一句指的是领导。

5. 戒多附加。在一个句子中，不能有太多的附加语，否则会造成阅读上的困难。例如“有用的、有价值的、有参考性的……”就是多附加语，这种句子读起来让人觉得复杂繁琐，应重新组句。

6. 戒绕口。那些让人听不明白、听着别扭、听着绕口的句子，应换成为大众所能接受的表达方法。

7. 戒迷路句。行文在内容上和语气上都要有衔接，如果中间突然插进一句不相干的话，就会破坏人们的思路，让阅读者“迷路”。对迷路句应该坚决予以删除。

8. 戒谓宾失配。谓宾搭配要得当，合乎语法，使人阅读顺畅。

9. 戒半文半白。公文采取白话文的表达方法，文言文、半文言半白话的句子，有损于文风，也显得不伦不类。

10. 戒歧义句。公文要防止因理解上的不同而产生的歧义。因此，应使用清晰明了的语言，不能模棱两可，含糊其词。

思考题

1. 文书的作用是什么?
2. 文书分为哪些种类?
3. 公文写作有哪些基本要求?
4. 公文提纲的撰拟包括哪些要点?
5. 公务文书撰写有哪些语言要求?

第二章　应急管理法定文书写作

学习目标和要求

理解和掌握《党政机关公文处理工作条例》（以下简称《条例》）规定的决议、决定、命令、公报、公告、通告、意见、通知、通报、报告、请示、批复、议案、函、纪要等15种公文的含义、适用范围、基本特点、分类及写作要求。

第一节　应急管理上行文

上行文是指下级机关、下级业务部门向它所属的上级领导机关和上级业务主管部门发送的公文，是自下而上的行文，故称上行文。文种主要有报告和请示。

一、上行文规则

《条例》规定，向上级机关行文，在遵照确有必要、讲求实效、注重针对性和可操作性基本规定的基础上遵循以下规则：

（1）原则上主送一个上级机关，根据需要同时抄送相关上级机关和同级机关，不抄送下级机关。

（2）党委、政府的部门向上级主管部门请示、报告重大事项，应当经本级党委、政府同意或者授权；属于部门职权范围内的事项应当直接报送上级主管部门。

（3）下级机关的请示事项，如需以本机关名义向上级机关请示，应当提出倾向性意见后上报，不得原文转报上级机关。

（4）请示应当一文一事。不得在报告等非请示性公文中夹带请示事项。

（5）除上级机关负责人直接交办事项外，不得以本机关名义向上级机关负责人报送公文，不得以本机关负责人名义向上级机关报送公文。

（6）受双重领导的机关向一个上级机关行文，必要时抄送另一个上级机关。

二、报告的写作

（一）报告的释义

报告是用于向上级汇报工作、反映情况和问题、提出意见和建议、回复上级询问的文种。一般情况下，按照上级部署或工作计划，每完成一项任务，下级都要向上级写报告。

（二）报告的特点

1. 内容的汇报性。一切报告都是下级向上级机关或业务主管部门汇报工作，让上级机关掌握基本情况并及时对自己的工作进行指导。

2. 语言的陈述性。报告具有汇报性，是向上级讲述做了什么工作，或工作是怎样做的，有什么情况、经验、体会，存在什么问题，今后有什么打算，对上级有什么意见、建议；行文上一般都使用叙述方法，即陈述其事。

3. 行文的单向性。报告是下级机关向上级机关行文，是为上级机关进行宏观领导提供依据，一般不需要受文机关的批复，属于单项行文。

4. 成文的事后性。多数报告都是在事情做完或发生后，向上级机关作出汇报，是事后或事中行文。

5. 双向的沟通性。报告虽不需批复，却是下级机关以此取得上级机关的支持指导的桥梁；同时上级机关也能通过报告获得信息，了解下情，据此进行决策指导和协调工作。

（三）报告的主要类型

报告从内容上分主要有：汇报性报告、答复性报告、呈报性报告和例行工作报告。

1. 汇报性报告。主要是下级机关向上级机关、执行机关向权力机关汇报工作、反映情况的报告。汇报性报告便于领导掌握情况，为决策提供信息；除其中少数需领导批转下发外，一般只予呈送，并不要求领导回答或批准什么问题。

(1) 综合报告。指本单位、本部门或本地区、本系统工作到一定的阶段，就工作的全面情况向上级写的汇报性的报告。其内容大体包括工作的进展情况，成绩或问题，经验或教训以及对今后工作的意见。这种报告的特点是全面、概括、精练。所谓“全面”，是指报告的内容要体现一个地区、一个部门在某一段期间内的全面工作情况；所谓“概括”“精练”，是指表述内容的时候，少写或不写烦琐的工作过程，只用结论性语言，表达出某项工作的结果、希望或要求。

(2) 专题报告。指向上级反映本机关的某项工作、某个问题、某一方面的情况的报告。标题要反映报告的专题事由。专题报告的特点有两个：一是内容专一。一份专题报告只反映某一方面的情况和问题。除了写出事件的结果以外，常常把重点放在情况的阐述、事情的原委、性质的分析和自己的看法上；如果是反映成绩的报告，则应把重点放在做法、成绩、经验和总结上。也可就某一问题专门提出建议。二是针对性强。领导要求什么，就汇报什么。一种是日常工作中出现的新情况、新问题，向上级汇报以及时得到支持或指示；一种是上级部门在安排部署某项工作任务时，就要求下级单位在一定期间把工作进展情况按期向领导汇报。

2. 答复性报告。指针对上级领导部门或业务管理部门所提出的问题或某些要求而写出的报告。这种报告在写作上的要求就是要有针对性，问什么答什么，不要涉及询问以外的问题或情况。答复性报告一般由三部分构成：报告的缘由，即在报告的开头首先说明收到上级什么文件，答复上级什么问题，承办上级交办的什么事项而作出此项报告；报告的具体内容，这是答复性报告的核心，写作的时候应答其所问，语言精练、条理清楚；尾语，一般是“特此报告”。

3. 呈报性报告。指下级向上级报送文件、物件随文呈报的一种报告。一般是一两句话说明报送文件或物件的根据或目的以及与文件、物件有关的事宜，以“请查收”“请审阅”结尾。

4. 例行工作报告。指下级机关或企事业单位因工作需要定期向上级领导机关或业务主管部门报送的报告。如财务部门定期向业务主管部门和财政、税收、银行等业务指导机关所呈送的财务报表，包括日报、周报、旬报、月报、季报等。

（四）写作结构及方法

报告的结构分首部、正文和尾部三部分。

1. 首部。包括标题和主送机关。（1）标题。常见的有两种形式：一种是由事由和文种组成，另一种是由发文机关、事由、文种组成。（2）主送机关。顶格写上受文单位全称。

2. 正文。包括三部分内容。（1）开头部分要开门见山地简要说明报告的缘由、目的、意义，然后用“现将××情况报告如下：”领起下文。（2）中间部分是报告的核心部分。主要内容一是工作情况及问题，二是进一步开展工作的意见。（3）结尾部分即结束语，一般都有程式性用语，应另起段来写。工作报告和情况报告的结束语常用“特此报告”；答复报告多用“专此报告”；递送报告则用“请审阅”“请收阅”等。

3. 尾部。包括署名和时间两项内容。如果标题有发文单位，就不再署名，否则就要在右下方署上单位名称和主要负责人姓名，并于其下写明年月日期，然后加盖单位公章或主要负责人章。

（五）报告写作应注意的问题

1. 思路要清晰。第一，主题要突出，材料的组织和选择须有侧重。比如：能够影响全局的工作或情况的材料；能够对当前或今后的工作有重要指导和推动作用的材料；能够充分显现本机关工作成效、工作状况和工作水平的材料；能够代表和反映本机关或本地区工作中存在的带有普遍性和倾向性问题的材料。第二，写法要恰当。比如汇报工作，则应首先写明工作的基本情况，其次写明主要做法和成绩，包括采取的办法、措施以及由此带来的直接效果等，最后写明还存在什么问题以及今后的大体工作设想。在内容布局上，一般将第二层次详写，第一、三层次略写，不作过多铺陈。又如反映情况，应首先对所要反映的问题或情况作一概述,然后集中分析产生问题的原因(包括主客观两方面原因),最后提出解决问题的意见和办法。在内容布局上,第一层次文字要简写,第二、三层的叙写应当根据行文的目的和主旨表达需要确定详略。第三,层次要清晰。如果是回复上级机关的询问和要求,应首先扼要叙述上级机关交办的事项或任务,然后写明处理的大致过程,包括采取的办法或措施、处理中遇到的问题及需要进一步陈述的事项等,最后交代处理结果,同时征询上级机关对处理结果的意见。如果就某项工作中的错误向上级机关检讨,应首先陈述错误的事情概况,继而分析造成错误的原因(包括直接原因和间接原因)及应负的责任,最后写明处理结果及今后的改进意见。

2. 内容要真实。真实性是报告的写作之本。上级机关通过报告及时掌握各方面的动态及变化,起到决策与执行之间的“桥梁”作用,报告单位必须原原本本地反映实际情况,做到“实事求是”,坚决不能“谎报军情”,更不能写成报告文学。

3. 结构要合理。通用结构规则为“三段式”:一要有一个概括说明全文主旨的开头,二要有一个内容比较丰富的主体,三要有一个较为具体的结尾。常用结构有:(1) 情况—做法—问题(意见);(2) 情况(做法)—问题(不足)—今后意见(建议);(3) 情况—原因(责任)—下一步做法;(4) 情况—原因—责任及处理意见。

4. 用语要得体。多使用陈述性、叙述性语句,力求准确精要,还要体现出期请、征询的语气。比如:“成绩”是“较大”“相当大”还是“很大”,“成效”是“明显”还是“显著”,“水平”是“较高”“相当高”还是“很高”甚至“最高”,对于这些程度副词的使用必须慎之又慎,尽量采用定量法。

5. 标题要概括。内容应采用分列小标题的形式,比如:“加强领导,周密部署”“问题导向,认真整改”“健全制度,从严管理”“夯实责任,狠抓落实”等等。这种小标题写法用语精致、和谐匀称,能体现较高的锤炼概括能力。

6. 篇幅要简短。“报告”的篇幅要短,应“避繁就简”。不能东拼西凑或记“流水账”。要化冗长的句子为短小精悍的句子,削减“套话”“空话”,力求精练,以少胜多。

7. 使用常用语。如“请指正”“请审阅”等。

【例文】

省应急管理厅关于2023年3月全省政府网站自查情况的报告

省政府办公厅:

按照省政府办公厅《关于做好全省政府网站月度检查工作的通知》文件要求,现将我厅2023年3月份网站自查情况汇报如下:

一、网站运行情况。3月份,省厅网站运行平稳正常,网站首页栏目链接均能正常访问。

二、信息更新情况。网站首页栏目3月份信息发布90条，微信信息发布92条，今日头条信息发布19条。目前栏目信息更新做到了及时、准确、完整。

三、互动回应情况。对省厅网站“厅长信箱”“事故举报”“回应关切”“许可举报”等互动栏目采取积极措施，做到“事事有落实，件件有回复”。其中：留言回复“厅长信箱”33条、“事故举报”15条、“回应关切”6条、“许可举报”2条。

四、服务实用情况。网站首页及其他页面未发现不能正常访问的链接，办事指南要素准确完整，需要办事的表格、文件附件等资料均能正常下载，在线申报和查询系统均能正常访问。

山西省应急管理厅

2023年4月3日

（来源：山西省人民政府网站）

三、请示的写作

（一）请示的释义

请示是指下级机关向上级机关请求指示、批准的一种公文，是机关工作中经常使用的文种。

（二）请示的特点

1. 请求性。下级对上级指示批准的一种期许。

2. 单一性。只有下级机关向上级机关的行文。

3. 事前性。不能“先斩后奏”或“边斩边奏”。

4. 时效性。事项紧急迫切，不能等、不能拖。

（三）请示的主要类型

1. 请求指示的请示。属政策性请示，是下级机关需要上级机关对原有政策规定作出明确解释，对变通处理的问题作出审查认定，对如何处理突发事件或新情况、新问题作出明确指示等。

2. 请求帮助的请示。属下级机关针对某些具体事宜向上级机关请求批准的请示，主要目的是解决某些实际困难和具体问题。比如争取资金、项目支持等。

3. 请求批转的请示。下级机关就某一涉及面广的事项提出处理意见和办法，需各有关方面协同办理，但按规定又不能指令平级机关或不相隶属部门办理，需上级机关审定后批转执行，这种情况下使用请求批转的请示。

（四）写作结构及方法

请示由首部、正文和尾部三部分组成。

1. 首部。主要包括标题和主送机关。(1) 标题。请示的标题一般有两种构成形式：一种是由发文机关名称、事由和文种构成。如《××县人民政府关于×××的请示》;另一种是由事由和文种构成,如《关于开展春节拥军优属工作的请示》。(2) 主送机关。请示的主送机关是指负责受理和答复该文件的机关。每件请示只能写一个主送机关,不能多头请示。

2. 正文。一般由开头、主体和结语等部分组成。(1) 开头。主要交代请示的缘由。它是请示事项能否成立的前提条件,也是上级机关批复的根据。原因讲得客观、具体,理由讲得合理、充分,上级机关才好及时决断,予以有针对性的批复。(2) 主体。主要说明请求事项。它是向上级机关提出的具体请求,也是陈述缘由的目的所在。这部分内容要单一,只宜请求一件事。请示事项要写得具体、明确、条项清楚,以便上级机关给予明确批复。(3) 结语。应另起段,习惯用语一般有"当否,请批示""妥否,请批复""以上请示,请予审批"或"以上请示如无不妥,请批转各地区、各部门研究执行"等。

3. 尾部。一般包括署名和成文时间。标题写明发文机关的,这里可不再署名,但需加盖单位公章,成文时间写具体日期。

(五) 请示写作应注意的问题

1. "四清"要做到。一是政策依据清。请示的基本依据、主要原因和出发点,一般是法律法规、条文、指示、通告等上级机关有关文件的内容或者有关会议精神。二是基本情况清。陈述情况完整、清晰、准确,事实有头有尾,说清楚来龙去脉,交代出事实的起因、经过、结果、影响。三是逻辑关系清。请示不论文字长短,其内在逻辑均是由"为什么要请示"和"请示什么问题"两个层次组成,条理要清晰。四是请示事项清。请示内容直截了当、详细具体、全盘托出、一目了然,不能含糊其词、拐弯抹角。

2. 角度要选准。角度选得是否准确,直接关系到请示的目的能否顺利达到。要从需要解决问题的必要性和紧迫性方面入手,把请示的理由写得更具体、更充分、更有力,让上级机关感到可信、予以肯定。

3. 理由要充足。理由足,向上级请示才能更有底气。要注重运用上级的理论、路线、方针、政策和策略等,以最能打动、说服上级机关的典型事实和材料作为请示理由,把情况讲清、道理讲透、内容讲好,争取获得上级的批准。

4. 论证要透彻。就是根据上级精神、领导意图和实际情况等因素,理出有关内容之间的相互关系、内在逻辑,把要写内容的先后顺序排列好、组合好,做到层次清晰、主次分明、环环相扣。

5. 语气要恭敬。请示作为一种上行文,语气必须庄重严肃、谦恭有礼,以示对上级机关的尊重。所以,在请示的写作中,一定要注重礼节、语言诚恳,多用平实、简洁的语言。

6. 使用常用语。如"当否,请批示""妥否,请批复"等。

【例文 1】

武川县应急管理局关于申请疫情防控物资的请示

市应急局：

10月23日按照全市疫情防控紧急会工作部署，按照疫情防控应急预案，为确保全员核酸检测工作迅速展开，全县共设76个核酸采样点（乡镇51个，其他八个乡镇25个），医护人员轮班值守，保证24小时不间断进行全员核酸采样工作。同时，根据疫情防控需要，准备在108个小区、平房区（2020年设卡86个）、93个行政村设卡，安排社区和包联单位干部值守，对进入人员进行扫码、测温、登记等工作。

县财政已拨付78万元，购买了必要的疫情防控应急物资。目前储备有医用外科一次性口罩11.7万只、帐篷100顶、折叠床200张，棉被2 000张、棉褥300条。后续物资还在继续采购中。

由于我县可用财力十分紧张，为确保全员核酸检测、社区（村）管控等工作顺利推进，现申请应急物资帐篷300顶、折叠床300个、棉被褥600套、棉衣600套、棉手套600双。恳请市疫情防控指挥部协调应急部门予以支持。

武川县应急管理局

2021年10月24日

（来源：武川县人民政府网站）

【例文 2】

庆元县应急管理局
关于征求《2022年度安全生产监督检查计划》意见的请示

丽水市应急管理局：

为进一步加大执法力度，落实行政执法责任，促进安全生产监督管理部门及其行政执法人员依法科学履行安全监管职责，根据《中华人民共和国安全生产法》《浙江省安全生产条例》和原国家安全监管总局《关于印发〈安全生产年度监督检查计划编制办法〉的通知》（安监总政法〔2017〕150号）等规定，我局结合全县安全生产工作实际，制定《庆元县应急管理局2022年安全生产监督检查计划》（征求意见稿），现上报贵局征求意见。

当否，请指示。

附件：庆元县应急管理局2022年度安全生产监督检查计划（征求意见稿）

庆元县应急管理局

2022年3月10日

（来源：庆元县人民政府网站）

四、请示和报告的区别

（一）含义不同

请示是“请求指示、批准”，带有紧迫性；而报告是“汇报工作，反映情况，提出意见或者建议”，重点在反映情况上。

（二）性质不同

请示是请求性的文件，侧重于提出问题和请求指示、批准；报告是陈述性的文件，侧重于汇报工作、陈述意见或者建议。

（三）行文时间不同

请示只能在事前行文；而报告是在事前、事中、事后都可以行文。

（四）表述要求不同

请示必须一文一事；报告陈述工作情况，涉及内容广泛，可以一文一事，也可以一文多事。

（五）惯用语不同

请示多用“以上请示妥否，请批复”；报告多用“特此报告”“以上报告如有不妥，请指正”。

第二节　应急管理下行文

下行文是指上级领导机关对所属下级机关的一种行文。文种主要有决议、决定、命令（令）、公报、公告、通告、意见、通知、通报、批复、纪要等。

一、下行文规则

《条例》规定，向下级机关行文，在遵照确有必要、讲求实效、注重针对性和可操作性基本规定的基础上遵循以下规则：

（1）主送受理机关，根据需要抄送相关机关。重要行文应当同时抄送发文机关的直接上级机关。

（2）党委、政府的办公厅（室）根据本级党委、政府授权，可以向下级党委、政府行文，其他部门和单位不得向下级党委、政府发布指令性公文或者在公文中向下级党委、政府提出指令性要求。需经政府审批的具体事项，经政府同意后可以由政府职能部门行文，文中须注明已经政府同意。

（3）党委、政府的部门在各自职权范围内可以向下级党委、政府的相关部门行文。

（4）涉及多个部门职权范围内的事务，部门之间未协商一致的，不得向下行文；擅自行文的，上级机关应当责令其纠正或者撤销。

(5) 上级机关向受双重领导的下级机关行文，必要时抄送该下级机关的另一个上级机关。

二、决议的写作

（一）决议的释义

决议是指党的领导机关就重要事项，经会议讨论通过其决策，并要求进行贯彻执行的重要指导性公文。适用于会议讨论通过的重大决策事项。

（二）决议的特点

1. 权威性。决议是经过党的会议讨论通过才能生效并由党的领导机关发布的，是党的领导机关意志的反映。决议的内容事关重要决策事项，一经公布，全党、全国上下都必须坚决执行。

2. 指导性。决议表述的观点和对事项的评价都具有指导意义。

（三）决议的主要类型

1. 公布性决议。是为公布某种法规、提案而写作的文件。

2. 批准性决议。是为肯定或否定某种议案而写作的文件。

3. 阐述性决议。是对某些重大结论的具体内容加以展开阐述的文件。

（四）决议的写作结构及方法

决议一般由三个部分组成：标题、通过的会议和日期、正文。

1. 标题。由发文机关（或会议名称）、事由、文种类型组成，也可由事由和文种类型组成。

2. 通过的会议和日期。通过日期一般写在标题下，在小括号内注明会议名称及通过时间，也可只写年月日。

3. 正文。正文因类型差异略有不同。公布性决议先写通过决定的那次会议及其作出公布议案的简单理由，次写公布内容，最后写注意事项及处理办法；批准性决议先写什么会议审议了某个议案，依据什么理由，决定批准否，再写对被审议案的具体评价，最后以“指出”“认为”之语引出号召；阐述性决议则先概述某一事实，然后加以理论分析，最后是评断。

（五）决议写作应注意的问题

1. 要吃透会议文件的要旨，了解决议事项的内容，认真听取参加会议人员的意见。

2. 语言要精练，通俗易懂，观点明确，便于理解掌握，利于贯彻执行。

3. 要有一定的理论准备，特别是拟写论述性决议这类理论色彩较强的决议，必须有充分的理论准备，写作时注意叙理结合，既要把事实叙述清楚，又要把道理讲透。

【例文1】

乐清市人大常委会
关于批准乐清市应急管理局2021年部门决算的决议
（2022年7月30日乐清市第十七届人大常委会第三次会议通过）

乐清市第十七届人大常委会第三次会议书面审议了《乐清市应急管理局关于2021年部门决算的报告》。会议经过认真审查，决定批准乐清市应急管理局2021年部门决算。

（来源：乐清人大网站）

【例文2】

中国共产党河北省第十届委员会第三次全体会议决议
（2022年10月29日中国共产党河北省第十届委员会第三次全体会议通过）

中国共产党河北省第十届委员会第三次全体会议，于2022年10月28日至29日在石家庄召开。

出席这次全会的有，省委委员82名，候补省委委员16名。省纪律检查委员会常务委员会委员和有关方面负责同志列席会议。我省党的二十大代表和省第十次党代会代表中的部分基层同志和专家学者列席会议。邀请党外副省级领导干部和省各民主党派、工商联主要负责同志列席全会第一次全体会议。

全会由省委常委会主持。省委书记倪岳峰代表省委常委会作了题为“深入学习宣传贯彻党的二十大精神，加快建设经济强省、美丽河北”的讲话。全会听取和讨论了倪岳峰受省委常委会委托作的工作报告。

全会充分肯定省委常委会的工作。（略）

全会深入学习贯彻党的二十大精神，统一思想行动，形成高度共识。（略）

全会强调，广泛深入兴起学习宣传贯彻党的二十大精神热潮，始终沿着习近平总书记指引的方向阔步前进。（略）

全会强调，坚持把党的二十大精神转化为团结奋斗的强大力量，推动思想观念和思维方式更好地适应新时代新征程。（略）

全会指出，党的二十大围绕以中国式现代化全面推进中华民族伟大复兴，明确提出了到二〇三五年我国发展的总体目标，鼓舞人心，催人奋进。（略）

全会强调，对标对表国家未来五年的发展目标，结合国际国内发展形势和我省发展条件，要经过5年艰苦不懈的努力，推动加快建设经济强省、美丽河北取得更大进展。（略）

全会强调，全面落实党的二十大关于中国式现代化的战略部署，奋力开创加快建设经济强省、美丽河北新局面。

全会强调，深入贯彻党的二十大全面从严治党新要求，努力把全省各级党组织建设得更加坚强有力。（略）

全会号召，全省上下要更加紧密地团结在以习近平同志为核心的党中央周围，全面贯彻习近平新时代中国特色社会主义思想，持续兴起学习宣传贯彻党的二十大精神热潮，解放思想、奋发进取，加快建设经济强省、美丽河北，为全面建设社会主义现代化国家、全面推进中华民族伟大复兴作出新的贡献！

（来源：河北省人民政府网站）

三、决定的写作

（一）决定的释义

决定是适用于对重要事项作出决策和部署、奖惩有关单位和人员、变更或者撤销下级机关不适当的决定事项的公文。

（二）决定的特点

1. 制约性。决定是下行文，一般由领导机关制发，要求下级机关贯彻执行。决定的制约性主要表现在领导性、指挥性和强制性上。比较起来，决定的制约性没有命令那么强硬，但比其他公文要强。因为决定比较集中地体现了上级领导机关对重要事项和重大行动的指挥意志、处置意图和倾向，要求下级机关无条件执行。另外，决定有时是法规的延伸和补充，具有强制性和行政约束力。

2. 稳定性。决定的稳定性主要表现在内容上。某个问题一旦经党政领导机关作出决定，就要求相当长时期内贯彻执行。例如，1984 年 10 月 20 日党的十二届三中全会通过的《中共中央关于经济体制改革的决定》，一直是我国经济体制改革的主要政策依据。

（三）决定的主要类型

1. 法规性决定。用于发布权力机关制定、修订或试行的法律文件以及由政府部门制定的行政法规，如《××市人民政府关于修改〈市商品交易市场管理规定〉的决定》。

2. 指挥性决定。用于对某个问题、某种事项、某种行动进行决策性的指挥部署，如《××市政府关于加快全市工业发展的决定》。

3. 奖惩性决定。用于表彰或处分有关的单位或个人，如《关于表彰 2009 年度先进集体和先进个人的决定》。

4. 变更性决定。用于变更机构人事安排或撤销下级机关不适当的决定事项。

（四）决定的写作结构及方法

决定由首部、正文和尾部三部分组成。

1. 首部。(1) 标题。标题有两种写法：一种是发文机关＋事由＋文种，一种是标题下面标明“×××年×月×日×××会议通过”字样，并用括号括住。(2) 主送机关。决定的主送机关是指负责受理和答复该文件的机关，决定通常应写明主送机关，但普发性决定可以省略主送机关。决定的日期是写公布此项决定的年、月、日，其位置通常写在标题下的小括号内。如果是会议通过的决定，需要在标题下的小括号内写明这一决定是在什么时间、什么会议通过的。

2. 正文。正文部分一般由开头、主体、结尾组成。(1) 开头。主要阐述决定的缘由、依据或目的，阐述为什么要作出决定，为下面具体决定事项的提出和表述做好铺垫和打好基础。(2) 主体。主要阐述决定的具体事项。表彰性决定，主要描写被表彰对象所取得的成绩或表彰的主要内容；处罚性决定，主要描写所犯的具体错误或事件经过，有的时候根据行文需要也可以做原因分析。(3) 结尾。主要提出希望或要求，也可以对决定事项内容作出补充或强调。

3. 尾部。如果标题已有发文机关名称，落款处则一般不再写发文机关名称。

（五）决定写作应注意的问题

1. 要做好调查研究。在起草决定之前，对所涉及的问题，认真查找有关法律条款和上级政策规定，并广泛听取各方面的意见、建议。在此基础上深思熟虑，考虑做出的决定是否符合实际情况，能否妥善地解决实际问题。

2. 要做到观点鲜明。决定做出之后，要求下级机关正确执行，不得有误，因此，决定所提出的要求必须明确，便于理解和执行。

3. 要做到语言清晰准确。不能含糊不清，更不能使用有歧义的或有可能引起误解的语句。

【例文 1】

应急管理部关于表彰第六届
全国 119 消防先进集体和先进个人的决定

国家矿山安监局、中国地震局，消防救援局、森林消防局，各省、自治区、直辖市应急管理厅(局)，新疆生产建设兵团应急管理局，部机关各司局，国家安全生产应急救援中心，部所属事业单位：

第五届全国 119 消防先进集体和先进个人评选表彰开展以来，全国各地各部门和社会各界坚持以习近平新时代中国特色社会主义思想为指导，认真贯彻习近平总书记关于应急管理、消防工作重要指示精神和党中央、国务院决策部署，坚持安全第一，预防为主，坚持标本兼治、综合治理，坚持群防群治、齐抓共管，加快推进消防治理体系和治理能力现代化，扎实做好防风险、保安全、护稳定各项工作，确保了全国消防安全形势持续平稳，涌现出一大批贡献突出、事迹感人、群众公认的先进集体和个人。为表彰先进、弘扬正气、凝聚力量，深入构建共建共治共享的消防安全格局，不断提高防灾减灾救灾能力和消防安全治理水平，更好服务保障经济社会高质量发展，应急管理部决定，授予北京市海淀区羊坊店街道平安建设办公室等149个单位“第六届全国119消防先进集体”称号，授予北京市通州区潞城镇党委委员、副镇长韩鹏等195名个人“第六届全国119消防先进个人”称号，并分别颁发奖匾、奖章和证书。

希望受表彰的先进集体和先进个人珍惜荣誉、再接再厉，充分发挥示范引领作用，继续热情支持、积极参与、奋力推进消防事业改革发展，不断取得新的成绩。希望社会各界特别是应急管理系统广大干部职工和消防救援人员认真学习宣传贯彻党的二十大精神，深刻领会党中央关于新时代国家安全和社会稳定工作决策部署要求，自觉以先进典型为榜样，勇于担当、敢于斗争，攻坚克难、埋头苦干，全力防范化解重大安全风险，有效应对处置各类灾害事故，致力建设更高水平的平安中国，以新安全格局保障新发展格局，为全面建设社会主义现代化国家、全面推进中华民族伟大复兴作出积极贡献。

附件：1. 第六届全国119消防先进集体名单

2. 第六届全国119消防先进个人名单

应急管理部

2022年11月3日

（来源：中华人民共和国应急管理部网站）

四、命令(令)的写作

（一）命令(令)的释义

命令(令)(以下简称“命令”)是指法定的领导机关或领导人对下级发布的一种具有强制执行效力的指挥性公文。它适用于依照法律规定公布行政法规和章程，宣布施行重大强制性行政措施以及嘉奖有关单位和人员。

（二）命令(令)的特点

1. 重要性。命令所涉及的事项，有的是发布行政法规和规章，有的是宣布施行重大强制性行政措施，这些都是重要的内容。运用命令来奖惩有关人员，往往也是在全国或某一地区影响较大的。如果是一般性的表彰先进或批评错误，就不用命令而用通报等其他公文文种。

2. 权威性。根据《中华人民共和国宪法》的规定，只有中华人民共和国主席、国务院、国务院各部部长、各委员会主任以及县以上各级地方人民政府才可以依据法律规定的权限发布命令，其他任何单位和个人均不得发布命令。

3. 强制性。命令具有明显的强制性，上级机关发布了命令，下级机关不管是否同意，不管有什么困难或问题，都必须坚决地无条件地执行。令出必行，违反命令或抗拒执行命令，就要受到惩罚，在所有国家机关行政公文中，命令是最具有强制性的。

（三）命令的主要类型

1. 公布令。公布令也称作发布令、颁布令。它是国家领导机关和有关部门用来公布法律、发布行政法规和规章的命令。它一经发布，就要求全体公民、有关单位和人员无条件地遵照执行，具有极强的规定性和支配力，不容违抗和抵制。这类命令之后，附上法律法规和规章的全文，即令出法随，公布令也就成了这些法规文件的运行载体，是一种载体性公文。

2. 行政令。行政令是国务院及其各部门、县以上地方各级人民政府宣布施行重大强制性行政措施时发布的命令。

3. 嘉奖令。嘉奖令是领导机关或领导人为嘉奖有关人员或有功集体而发布的命令。嘉奖令正文一般由嘉奖原因、嘉奖内容和嘉奖希望构成，具有极强的号召力。

以上所述是命令的主要种类，此外，还有惩戒令、动员令、戒严令、特赦令等，一般很少使用。

（四）命令的写作结构及方法

命令通常由标题、正文、签署三部分构成。

1. 标题。直接标明什么命令，也可在命令的前面标明发布命令的机关名称或领导人的职务。

2. 正文。命令的正文多由原因和使命指挥构成。前者说明为什么要发布该项命令，后者要说明命令所属机关必须遵照执行的事项，生效与执行的时限。

3. 签署。标示签发此项命令的机关或法定作者，签发的日期，并盖上印章。

（五）命令写作应注意的问题

1. 文种要谨慎使用。在实际工作中，处理许多问题既可以用行政令行文，也可以用决定、通知等行文，如非必要，应采用其他文种行文，以免引起因命令文种的绝对化指令性质带来的问题，反而导致政令施行不畅的局面。

2. 制发要严格依法。命令在其所发布的范围内，是要全民遵守的；尤其是各级人民政府发布的命令，多是法律的实施性文件，它必须依照有关法律法规发布，此处包括两层含义：一是发布命令的内容必须符合国家法律或国务院行政法规的规定，不能和有关法律法规发生冲突；二是发布的程序要符合法律规定，只有具有法定权威的制发机关或签发人才能发布命令，其他任何机关或个人均不得随意发布命令。

3. 语言要突出权威。命令是行政公文中具有最高权威的文种，其语言一定要突出指挥的权威性，此处包括三层含义：一是命令的事项不能有半点含糊，下级机关应怎样做，必须有个明确的交代；二是语言要有指挥命令性质，有指挥下属的气势，在肯定什么、否定什么之间要有鲜明的态度，这样才能体现命令内容毋庸置疑的特点；三是命令不得朝令夕改，以体现命令的权威性和强制性。

4. 内容要简明扼要。时间、地点、数量等内容，必须写得十分具体。结构严谨，篇幅短小精悍，一般不加议论，易读易记，便于执行，以免把较长时间花费在阅读或理解“命令”上，贻误时机。

5. 表达要准确严密。写作命令要直言不讳、言简意赅、措辞准确、表达坚决、肯定有力。先说什么，后说什么，必须安排适当，不能笼统或含糊，防止人们因猜测文义而影响执行。

【例文】

中华人民共和国应急管理部令

第9号

《应急管理行政执法人员依法履职管理规定》已经应急管理部2022年9月19日第29次部务会议审议通过，现予公布，自2022年12月1日起施行。

部长　王祥喜

2022年10月13日

（来源：中华人民共和国应急管理部网站）

五、公报的写作

（一）公报的释义

公报一般指国家、政府、政党、团体或其领导人所发表的关于重大事件或会议经过和决议等的正式文件。

（二）公报的特点

1. 政治性。公报是官方正式文件，涉及的是一些人们普遍注意的重大事件或者重要会议内容，其政治性极强。

2. 公开性。公报应当及时将国内外瞩目的重大事情或者重要决议公之于众，以告知天下，让国内外都有所了解。

3. 新闻性。公报内容由于事关重大，所以一经发布，即成为具有很高传播价值的重大新闻。

（三）公报的主要类型

1. 会议公报。是用以报道重要会议或会谈的决定和情报的公报。这种公报一般用于党中央召开的会议。

2. 事项公报。党的高级领导机关用以发布重大情况、重要事件的文件。高层行政机关、部门向人民群众公布重大决策、重要事项或重大措施时有时也沿用此类公报。

3. 联合公报。这是一种特殊用途的公报，用以发布国家之间、政党之间、团体之间经过会议达成的某种协议，如《一带一路国际合作高峰论坛圆桌峰会联合公报》。

（四）公报写作结构及方法

公报包括首部、正文和尾部三部分。

1. 首部。包括标题和成文时间。（1）标题。公报的标题常见的有三种形式：第一种是直写文种如《新闻公报》；第二种是由会议名称和文种构成；第三种是联合公报，由发表公报的双方或多方国家的简称、事由、文种构成。（2）成文时间。用括号在标题之下正中位置注明公报发布的年、月、日期。

2. 正文。包括开头、主体两部分。（1）开头，即前言部分。事件性公报要求用最鲜明、最精练的语言概述事件的核心内容，即何时、何地、发生了什么重大事件；会议性公报要求概述会议的名称、时间、地点、参加人员等；联合公报要求概述公报的来由，即在何时、何地、谁与谁举行了什么会谈或谁对谁进行了什么性质的访问等。（2）主体，即公报的核心内容，要求把公报的内容完整、系统、有序地表达清楚。常见的有三种写作方式：第一种是分段式，即每段说明一层意思或一项决定；第二种是序号式，多用于内容复杂、问题较多的公报；第三种是条款式，多用于联合公报。

3. 尾部。事件性公报和会议性公报一般没有落款；联合公报要在正文之后写明双方签署人的身份、姓名、日期，并写明签署地点。

（五）公报写作应注意的问题

1. 明确目的。公报的目标和意义应当明确清楚。公报是一种发布信息的官方文件，需要确定该公报的发布对象及其信息需求，以期达到公报发布的目的。

2. 情报准确。公报的情报应当准确无误，充分适用于发布对象对于信息兴趣点的需求。字句要通顺，简明易懂，准确无误，防止产生歧义。

3. 注意文字表达。公报的文字表达一定要符合官方规范，但又要让人容易理解，避免语言烦琐、含混不清，使读者可以迅速了解信息内容。

4. 简明扼要。公报的撰写尽量简明扼要，以便于读者迅速理解和吸取公报的内容和信息。

5. 实时发布。公报应及时发布，遵循相关制度和规范，以避免信息过时或无效果。

6. 格式合规。公报的格式应该是合规的，包括标题、说明、发布者、内容描述、时间、附件等，需要经过相关人员认可后方能发布。

7. 符合法规。公报的发布需要符合国家相关法律法规和流程程序，并遵从机构管理运作规范。

【例文】

2022年北京市应急管理事业发展统计公报

2022年，全市应急管理系统坚决贯彻落实党中央. 国务院决策部署，按照市委、市政府指示要求，以北京2022年冬奥会和冬残奥会、党的二十大安全保障为主线，严防严控重大安全风险，稳扎稳打提高防灾减灾救灾能力，常抓不懈打造协同高效应急救援体系，圆满完成了各项工作任务，为首都经济社会发展营造了良好安全发展环境。

一、事故灾害防范

（一）生产安全事故

……

全年全市共发生各类生产安全死亡事故381起，死亡401人，同比减少12.8%和14.9%。单位地区生产总值生产安全事故死亡率0.963 7人/百亿元。……

（二）自然灾害

全年全市共发生4类自然灾害，分别为洪涝、风雹、地质和森林草原火灾。全年未启动市级自然灾害救灾响应。……

（三）基层预防建设

……

全年北京市应急管理事务中心共发布各类预警信息395条。其中，发布预警信息185条，解除预警信息127条；发布提示信息83次（含温馨提示36次、重要提示47次）。……

二、安全治理能力（略）

三、社会监督服务（略）

四、新闻宣传教育（略）

五、综合情况（略）

（来源：北京市应急管理局。公报全文可扫码查看）

六、公告的写作

（一）公告的释义

公告是向国内外宣布重要事项或法定事项时使用的一种公文。

（二）公告的特点

1. 范围的广泛性。公告的内容不只是在国内，还要在世界范围公布。就是说，公布的事项必须为国内外所了解，必须在国内外构成影响。只对国内，或只对小范围有关系的事件，如某铁路局临时增开旅客列车，某商厦春节休假几日等，是不能用公告这一文种的。

2. 内容的庄重性。宣告的事项自身性质突出、分量重大、庄严凝重，须为国内外所关注，要公开告知并郑重宣布，其内容和形式都是庄重的。

3. 事件的单一性。在这一点上，同样强调一文一事，而不能将几件事列于同一篇公告之中。例如，对外国政要人物祝贺我国党和国家领导人当选者致谢，我国举行军事演习等，都是一份公告一件事的。

4. 传播的公开性。公告虽为一种公文，其发表方式都不用红头，不在党政机关之间运行，而是通过新闻媒介，如报纸、电台、电视台等公开宣布。从这一点讲，作为公文的公告，还具备了新闻特征。

5. 作者的限定性。公告通常由党和国家行政机关或领导人制发，基层单位及其领导人不能发布公告。党和国家授权的党政机关可以发布公告，如新华社授权公告。与此相关，公告的使用和发布必须十分慎重。

（三）公告的主要类别

1. 要事性公告。指国家党政机关向国内外宣布重大事项、重要事件的公告，如宣布重大国事活动、答谢国外有关部门对我国重大活动的祝贺等。

2. 政策性公告。凡国家行政机关向国内外发布方针、政策，均用此类公告。例如，根据《中华人民共和国商标法》及其实施细则发布的商标公告，根据《中华人民共和国专利法》发布的申请专利公告，都是政府的职能部门依据有关法令、规定，按照法定程序发布的。

3. 任免性公告。向国内外宣布国家领导人和政府重要官员的职务任免事宜，采用此类公告。

4. 法定性公告。指向国内外宣布法定事项或颁布法律、法规而使用的公告。

（四）公告的写作结构及方法

公告一般由首部、正文和尾部构成。

1. 首部。主要是标题。公告标题有三种：一是完全式标题，包括发文机关、事由和文种；二是省去事由，只写发文机关和文种；三是只有文种，如《公告》。标题之下，有时可依公告单独编号。

2. 正文。一般由依据、事项和结语组成。开头要简明扼要地写出公告的依据，有时也可以不写。告知性公告的事项简单，用篇段合一写出；规定性公告的事项较多，可分条列点写出。公告一般用“现予公告”“特此公告”作结语，或者用提出要求作结语，也可不写结语。

3. 尾部。指落款和日期。公告日期可以注在标题下方，也可注在正文末尾落款处。重要的公告落款处除注明发文机关和日期外，还标明发布地点。

（五）公告写作应注意的问题

1. 注意准确性。公告的内容必须十分准确，避免出现文字差错，以免给工作造成被动。

2. 注意行文简洁明了。公告的行文要简明扼要，用语要明确，篇幅要简短，写法要明快，使人容易看懂。

3. 注意行文的严肃性。公告是一种严肃的公文，因此，在写作时要注意行文的严肃性，用语准确，态度庄重，以体现公告的严肃性。

4. 注意时效性。公告的时效性是很强的，因此，写作和发布要注意时效性，从而收到应有的效果。

【例文 1】

应急管理部救援协调和预案管理局关于有关研究课题承担单位的公告

2 月 22 日至 3 月 17 日，应急管理部救援协调和预案管理局公开征集研究课题承担单位。经研究，现将课题承担单位名单公布如下：

“我国航空应急救援制度标准体系建设问题研究”课题承担单位为北京交通大学；“航空应急救援体系建设中长期发展规划研究”课题承担单位为中国航空规划设计研究总院有限公司；“航空灭火救援战术战法研究”课题承担单位为中国消防救援学院。请以上单位联系我局做好合同签署等后续工作。

感谢所有申报单位对此次课题申报工作的关注，希望继续支持救援协调和预案管理工作。

应急管理部救援协调和预案管理局

2023 年 4 月 18 日

（来源：中华人民共和国应急管理部网站）

【例文 2】

关于 2022 年度工贸行业安全生产标准化一级企业的公示公告

按照《应急管理部关于印发企业安全生产标准化建设定级办法的通知》要求，经企业自评、申请、评审等程序，拟确定大冶特殊钢有限公司 170 钢管厂等 92 家企业为 2022 年度工贸行业安全生产标准化一级企业公告对象，现予以公示。公示时间为 2023 年 4 月 17 日至 24 日。

在此期间，如对公告对象有异议的，请于公示期内向应急管理部安全执法和工贸监管局反映。反映形式为电话、信函、电子邮箱，信函以到达日邮戳为准。以单位名义反映情况的材料需加盖单位公章，以个人名义反映情况的材料应署实名，并提供联系电话。

附件：拟公告为工贸行业安全生产标准化一级企业名单

应急管理部安全执法和工贸监管局

2023 年 4 月 17 日

（来源：中华人民共和国应急管理部网站）

七、通告的写作

（一）通告的释义

通告是适用于在一定范围内公布应当遵守或者周知事项的周知性公文。通告的使用面比较广泛，一般机关、企事业单位甚至临时性机构都可使用，但强制性的通告必须依法发布，其限定范围不能超过发文机关的权限。

（二）通告的特点

1. 法规性。通告常用来颁布地方性的法规，这些法规一经颁布，特定范围内的部门、单位和民众都必须遵守、执行。例如，《××省无线电管理委员会办公室关于清理整顿无线电通信秩序的通告》，对有关事宜作了八条规定；《××市人民政府关于坚决清理非法占道经营的通告》，为改善交通秩序和市容环境，作了五条规定。

2. 周知性。通告的内容，要求在一定范围内的人们或特定的人群普遍知晓，以使他们了解有关政策法令，遵守某些规定事项，共同维护社会公共管理秩序。

3. 实务性。所有的公文都是实用文，从根本性质上说都应该是务实的。但它们之间还是有一些区别：有的公文只是告知某事，或者宣传某些思想、政策，并不指向具体事务；通告则是一种直接指向某项事务的文种，务实性比较突出。

4. 行业性。不少通告都具有鲜明的行业性特点，如税务局关于征税的通告，机动车管理部门关于机动车辆年度检验的通告，人民银行关于发行新版人民币的通告，房产管理部门关于对商品房销售面积进行检查的通告等，都是针对其所负责的那一部分的业务或技术事务发出的通告。

（三）通告的主要类型

1. 制约性通告。主要用于要求一定范围的对象普遍遵守的某些事项，这类通告一般具有法规的性质，要求有关组织的人员严格遵守，而且要由行政领导机关来发布。

2. 知照性通告。主要用于告知大家某件事情，如发生的新情况、出现的新事物以及需要大家知道的新决定等。这类通告大都具有专业性和单一性，往往不具有法规性质，但也有一定的约束力。各专业部门、社会团体和企事业单位等都可发布这类通告。

（四）通告的写作结构及方法

通告包括首部、正文和尾部三部分。

1. 首部。通告的首部主要指标题，有三种写法：一是“发文单位名称＋事由＋文种”的形式，二是“发文单位名称＋文种”的形式，三是只写“通告”两字（这种情况用于对外张贴或在报纸上发表）。

2. 正文。这部分内容一般包括通告的缘由、通告的事项、结语等。通告的缘由，主要用来表达发布通告的背景、根据、目的、意义；通告的事项，是通告的主体部分，文字较多，且内容较复杂，为了做到条理分明、层次清晰，大多采用分条列项的写法；结语，写法比较简单，通常使用“本通告自发布之日起实施”或“特此通告”等语式。

3. 尾部。以“通告”二字作标题时，尾部应写明发布通告的单位名称及成文时间，并加盖发文单位印章。如果发布通告的单位名称已出现在标题中，则尾部可将单位名称省略，只标注成文时间，并加盖印章。

（五）通告写作应注意的问题

1. 通告的撰稿者要有政策观念，以政策衡量通告的事项，确保其不与现行政策抵触。

2. 通告的内容一定要突出，才能给人以深刻的印象。

3. 全文结构要严密，层次要清楚、有逻辑，文字要明白、确切，语气要肯定、庄重，尽量少用专门术语，以便受文者理解或遵守。

【例文】

平山县人民政府
关于2022年春季森林草原封山防火的通告

为坚决有效遏制森林草原火灾的发生，确保人民群众生命财产和森林草原资源安全，根据《中华人民共和国森林法》《森林防火条例》《草原防火条例》《河北省森林防火规定》等有关法律法规规定，现就2022年春季森林封山防火有关事项通告如下：

一、从本通告发布之日起至5月31日，为全县森林草原高火险封山防火期。

二、全县行政区域内山场及山场周围100米范围内，未经审批禁止任何人进入，特别是严禁下列行为：

（一）任何火种、火源进入防火区域；

（二）吸烟、乱丢火种；

（三）燃放烟花爆竹、祭祀用火、点放孔明灯；

（四）烤火、野炊、野外捕猎；

（五）燎地边、烧秸秆、烧荒草、烧杂物；

（六）电焊、电气焊、切割机作业、爆破作业；

（七）游览、踏青活动；

（八）开矿等野外作业行为；

（九）其他未经批准的用火。违反上述规定的，依法从重处罚。

三、森林草原防灭火工作实行党政首长负责制，各乡（镇）人民政府对本辖区内负全责，各乡（镇）政府主要负责同志为第一责任人，分管负责同志为主要责任人。

四、全面落实四大班子领导包乡（镇），乡（镇）副职包片，一般干部包村，村干部和护林员包山头、地块等岗位责任和区域责任，一旦发生火灾，坚决彻查追责。

五、各乡（镇）人民政府要在进入森林路口、通道设立防火临时检查站，严禁无关人员进入，对必须进入的，严格执行“四个不放行”（不接受检查登记不放行，不接受宣传教育不放行，不留下火种不放行，不扫防火码不放行）坚决杜绝火种进山。

六、在封山禁火区域内违规用火的，公职人员一律移交纪委监委追责问责。非公职人员一律根据有关法律从重处罚。对无民事行为能力人员和限制民事行为能力人员，依法追究监护人的相应责任。

七、任何单位和个人发现火情，应当立即向当地乡（镇）政府或县森林草原防灭火指挥部办公室报告，乡（镇）政府发现火情或接到火情报告后，在向县森林草原防灭火指挥部办公室报告的同时，要迅速采取措施组织扑救。对瞒报、迟报、漏报及组织扑救不力的将严肃问责追责。

八、县公安局、林业站、各乡（镇）等相关部门要严格执法，对故意纵火、野外违法用火和破坏防火设施设备等违法犯罪行为，要依法从严查处，并予以曝光。

九、各乡（镇）、各部门要加强对森林草原防灭火法律法规和防火知识的宣传，做到家喻户晓，人人皆知。

平山县人民政府

2022 年 2 月 9 日

（来源：平山文明网）

八、意见的写作

（一）意见的释义

意见是上级领导机关对下级机关部署工作，指导下级机关工作活动的原则、步骤和方法的一种文体。

（二）意见的特点

1. 灵活性。有些暂时不宜用决定或规章制度形式发布的事项，采用“意见”这一文种比较稳妥灵活，既能达到以决定或者规章制度形式发文的功能，又可以避免出现某些偏差。

2. 针对性。意见是对某项工作或某项活动中当前遇到的，或者今后一段时期可能出现的实际问题提出见解和具体处理办法，可以说是“一文一事”，针对性很强。

3. 指导性。意见具有很强的指导性，对现实工作中的情况和问题提出具体见解和办法，起着传达上级机关指示、指导布置工作的作用，对下级工作具有明确的指导性，指明了工作的方向，以便下级遵照执行。

4. 原则性。意见一般只是提出原则性的见解和处理办法。下级单位在实际工作中，还需要根据意见的指导方向，探索切实可行的具体措施，做好相关工作。

（三）意见的主要类型

1. 直发性意见。是可以直接下发的意见。通常是上级对下属的工作提出要求和规定时使用的意见。

2. 请批性意见。是行文单位将自己主管的工作提出的指导性意见先呈报给执行单位共同的上级，再由上级批转给有关单位执行的意见。

3. 建议性意见。是下级对重大问题提出建议，要求上级予以批转的一种上行公文。

4. 指导性意见。是上级或有关主管部门阐述和说明开展某项工作的基本思想、原则、要求，并对工作提出原则性指导意见的一种公文。

5. 规划性意见。是上级或业务主管部门制定开展某项工作的部署、要求、安排、具体措施，并带有工作计划特点的一种公文。

（四）意见的写作结构及方法

意见一般由头部、正文和尾部组成。

1. 头部。主要指标题和主送机关。(1) 标题。意见的标题一般采用完全式标题，即“发文单位名称＋事由＋文种”。有时也可省略发文机关名称，只注明事由和文种，如《关于做好干部选拔培养工作的意见》。(2) 主送机关。意见的主送机关为应知照的单位或群体，如果是涉及面较广的普发性意见，可以不写主送机关。

2. 正文。一般由前言、主体、结尾三部分组成。(1) 前言。写明发文原因。一般是交代提出意见的背景、依据、目的、意义等，陈述为何提意见或为什么发布实施意见等。然后常用“现提出如下意见”“现提出如下实施意见”等过渡语，转入主体部分。(2) 主体。阐述见解办法。见解办法是意见的核心部分，主要是对有关问题阐明观点、表明态度，提出相关的见解、建议，或规范性的解决办法。(3) 结尾。提出希望、要求。如果是报请上级批转或转发的意见，结尾要另起一行，并以“以上意见如无不妥，请批转各地区、各部门执行”等语式做结尾用语。

3. 尾部。写明发文机关和发文时间。

（五）意见写作应注意的问题

1. 确保客观。意见需要基于事实和实际情况，确保客观性。

2. 针对问题。意见需要针对具体存在的问题或计划提出建议，进行具体细致地分析。

3. 简明清晰。意见需要简明清晰的表达，不要使用过于复杂的语言。

4. 明确表述。意见需要表述明确，不可模棱两可、含糊其词，以便于读者更好地理解。

5. 提出建议。意见需要给出建议，对于存在的问题或计划的改进做出具体建议。

6. 具有操作性。意见需要有具体的操作性，提出可操作的建议和意见。

7. 注重合理性。意见需要考虑实际情况和所在的环境，提出的建议和意见的要是合理的和可行的。

【例文】

应急管理部关于加强安全生产执法工作的意见

应急〔2021〕23号

中国地震局、国家矿山安监局，各省、自治区、直辖市应急管理厅(局)，新疆生产建设兵团应急管理局，部消防救援局、森林消防局，部机关各司局，国家安全生产应急救援中心：

为加强安全生产执法工作，提高运用法治思维和法治方式解决安全生产问题的能力和水平，有力有效防范化解安全风险、消除事故隐患，切实维护人民群众生命财产安全和社会稳定，推动实现更为安全的发展，根据中共中央办公厅、国务院办公厅印发的《关于深化应急管理综合行政执法改革的意见》提出的“突出加强安全生产执法工作，有效防范遏制生产安全事故发生”原则要求，现提出以下意见：

一、总体要求

以习近平新时代中国特色社会主义思想为指导，认真学习贯彻落实习近平法治思想和习近平总书记关于安全生产重要论述，提高政治站位，统筹发展和安全，坚持人民至上、生命至上，建立完善与新发展阶段、新发展理念、新发展格局相适应的科学高效的安全生产执法体制机制。强化安全生产法治观念，坚持严格规范公正文明执法，切实解决多层多头重复执法和屡罚不改、屡禁不止问题。创新执法模式，科学研判风险、强化精准执法，转变工作作风、敢于动真碰硬，以高质量执法推动提升安全生产水平，切实把确保人民生命安全放在第一位落到实处，以实际行动和实际效果践行“两个维护”。

二、坚持精准执法，着力提高执法质量(略)

三、坚持严格执法，着力提升执法效能(略)

四、规范执法行为，着力强化执法权威(略)

五、推进执法信息化建设，着力完善执法手段(略)

六、加强执法力量建设，着力提升执法队伍能力水平(略)

各省级应急管理部门要将落实本意见重要情况，及时报告应急管理部。

应急管理部

2021 年 3 月 29 日

(来源：中华人民共和国应急管理部网站)

九、通知的写作

(一) 通知的释义

通知是向特定受文对象告知或转达有关事项或文件，让对象知道或执行的公文。通知适用于批转下级机关的公文，转发上级机关和不相隶属机关的公文；发布规章；传达要求下级机关办理和有关单位需要周知或共同执行的事项；任免和聘用干部。

(二) 通知的特点

1. 运用广泛性。在所有公文中，通知的应用范围最为广泛。

2. 功能多样性。可以用来传达指示、发布规章、布置工作、技术指导、批转文件、任免干部等。

3. 内容针对性。针对某一事件进行的专指或特指的描述，针对某一项内容进行的具体要求。

4. 发布时效性。通知所要求办理的事项都有比较明确的时间限制。

（三）通知的主要类型

1. 发布性通知。用于发布行政规章制度及党内规章制度。

2. 批转性通知。用于上级机关批转下级机关的公文给所属人员，让他们周知或执行。

3. 转发性通知。用于转发上级机关和不相隶属的机关的公文给所属人员，让他们周知或执行。

4. 指示性通知。用于上级机关指示下级机关如何开展工作。

5. 任免性通知。用于任免和聘用干部。

6. 事务性通知。用于处理日常工作中带事务性的事项，常把有关信息或要求用通知的形式传达给有关机构或群众。

（四）写作的结构及方法

通知包括首部、正文和尾部三部分。

1. 首部。主要指标题和主送机关。(1) 标题。写作方法应依通知的内容而定。完整的标题由“发文机关＋通知内容＋文种”组成。有时可省略发文机关，只写内容和文种；如果内容简要，还可只写文种即“通知”二字；如果内容特殊还可写成“重要通知”“紧急通知”“补充通知”等等，总之它的标题要依内容而定，不可千篇一律。(2) 主送机关。即被通知的机关单位名称或个人的姓名，应写在标题下面，顶格写起。

2. 正文。通知正文通常由缘“由＋事项＋结语”三部分组成。(1) 缘由部分，是指发文的根据、依据，一般开头用语为：“根据……，现通知如下：”“为了……，现作如下通知：”等。(2) 事项部分，是通知的主要内容，必须表述完整、简洁、准确。同时要注意不同的通知类型用不同的写作方式。(3) 结语部分，提出贯彻执行要求，如“请遵照执行”“请认真贯彻执行”“请研究贯彻”等等。并非所有的通知都有结语，要因通知内容而定。

3. 尾部。在正文的右下方写上发文机关单位的名称和发文的年、月、日。如标题里已写明发文机关，其名称即可省略。落款如需加盖公章，注意压年盖月。

（五）通知写作应注意的问题

1. 内容具体，语言确切。制发通知的目的是回答和解决一些实际问题。因此，撰写通知一定要从实际出发，有的放矢。

2. 层次清楚，段落分明。层次，即文书内容的表现次序。一份文书，写几个问题，先写什么、后写什么，有序号，有标题或观点，一目了然。例如会议通知，应该先写会议内容、参加人员，再写会议时间、地点、要求，这样才符合人的思维逻辑。段落，又称自然段。段落侧重于满足文字表达上的需要，有时一层意思用若干自然段来表达，有的一层就是一段。

3. 篇幅简短，文字精练。通知事项不管是做出指示，还是部署工作，或是安排活动，对做什么、怎么做、做到什么程度、有什么要求，都应当具体、明确，简明扼要，不能含糊，这样受文对象才能把握要领，落到实处。

【例文 1】

关于公开征求《矿山救援规程（修订草案征求意见稿）》意见的通知

为快速、安全、有效处置矿山生产安全事故，保护矿山职工和救援人员的生命安全，我部拟对《矿山救护规程》（AQ 1008—2007）进行修订，形成《矿山救援规程（修订草案征求意见稿）》，拟以部门规章形式公布施行。现就修订草案征求意见稿向社会公开征求意见。公众可以通过以下途径和方式提出反馈意见：

1. 登录中华人民共和国司法部中国政府法制信息网（www.moj.gov.cn、www.chinalaw.gov.cn），进入首页主菜单的“立法意见征集”栏目提出意见。

2. 电子邮箱：yjbzfs@163.com。

意见反馈截止时间为 2023 年 5 月 6 日。

附件：1. 矿山救援规程（修订草案征求意见稿）

2. 关于《矿山救援规程（修订草案征求意见稿）》的说明

3.《矿山救援规程》修订前后对照表

应急管理部政法司

2023 年 4 月 6 日

（来源：中华人民共和国应急管理部网站）

【例文 2】

国家减灾委员会办公室关于做好 2023 年国际减灾日有关工作的通知

国减办发〔2023〕22 号

各省、自治区、直辖市及新疆生产建设兵团减灾委员会，国家减灾委员会各成员单位，各省、自治区、直辖市及新疆生产建设兵团应急管理厅（局）：

今年 10 月 13 日是第 34 个国际减灾日，主题是“共同打造有韧性的未来”，强调构建政府主导、社会参与、多方协同的灾害风险治理模式，保护好灾害脆弱群体，加强防灾减灾中的韧性建设。为组织做好今年国际减灾日各项工作，现就有关事项通知如下：

一、提高政治站位，充分认识做好防灾减灾工作的重大意义。（略）

二、突出“共同打造有韧性的未来”这一主题，组织做好防灾减灾宣传教育工作。（略）

三、密切协同配合，构建多方齐抓共管的自然灾害防治格局。（略）

四、积极探索实践，抓好自然灾害综合风险普查成果转化应用。（略）

五、强化科普宣教，提高基层干部和社会群众防灾减灾救灾意识。（略）

六、坚持底线思维，扎实做好自然灾害防范应对工作。（略）

各地区、各有关部门要高度重视、精心组织，积极广泛组织开展好2023年国际减灾日各项活动。本地区本部门开展活动的总结报告，请于11月5日前报送国家减灾委员会办公室。

国家减灾委员会办公室

2023年9月27日

（来源：中华人民共和国中央人民政府网站）

十、通报的写作

（一）通报的释义

通报是用来表彰先进，批评错误，传达重要指示精神或情况时使用的公务文书。通报适用行政机关、党务机关及人大。

（二）通报的特点

1. 时效性。发通报必须有很强的时效性，要抓住时机，及时将先进典型和经验向社会宣传推广，对反面典型予以揭露，引起警戒，或对某些重大事项和重要情况，及时予以通报，以起到交流情况、信息，指导工作的作用。

2. 指导性。发通报不能事无巨细，要选择对面上工作有普遍指导意义的事项也就是典型事项来发。正面的典型要能反映事物的本质特征，能揭示时代的本质，体现时代的精神；反面的典型应有一定的代表性，有鉴戒的作用。

3. 真实性。通报中所涉及的事例，必须是客观存在的，经过反复调查，真实可靠的，绝不允许捏造和虚构。另外，事例的反映要准确，不能夸大或缩小，要实事求是。通报有时在结尾落款部分提出希望和号召，也必须切合实际，不脱离现实，有一定的针对性，使读者接受号召，受到启示。

4. 教育性。通报的内容是属于知照性的，它将某一典型或重要情况向有关单位发布，使其有所了解。通报的作用在于通过提供典型，使相关人员提高思想认识，自觉地有所依循，有所为和有所不为。

5. 事理性。通报以叙述事实为主，辅以议论。通报的内容无论是社会实践中的先进经验、反面教训或者是情况反映，都要对事件进行完整的叙述，以事实说话，同时，还要进行一定的分析评论，指出问题的实质。只有这样，才能起到启发、引导、教育人们的作用。

（三）通报的主要类型

1. 表彰通报。表彰通报是用于对先进人物、先进事迹进行表扬，推广其经验，树立学习榜样，激励人们的工作热情和积极性的公文。

2. 批评通报。批评通报是为批评某种严重错误或带有普遍性的不良风气与行为而使用的公文。比如，对某项重大责任事故作出处理、对违纪案件作出处分等，基本都采用这一公文种类。

3. 情况通报。情况通报是一种常用的通报形式，其作用在于及时通报工作的重要情况。如通报重大事故，对事故的来龙去脉和前因后果，做综合分析，着重于找出原因，讲清危害，使更多的单位或个人引以为戒，防止此类事件的再次发生。

（四）通报的写作结构及方法

通报由首部、正文和尾部构成。

1. 首部。主要指标题和主送机关。（1）标题。由“发文机关＋事由＋文种”或“事由＋文种”构成。（2）主送机关。即被通报的机关单位或个人的姓名，应写在标题下面，顶格写起。一些内部常规性通报可不用写主送机关。

2. 正文。（1）表彰通报和批评通报的正文一般分为三部分：一是主要事实。表彰通报要突出主要先进事迹，批评通报要抓住主要错误事实。二是分析指出事例的教育意义。表彰通报在阐述先进事迹的基础上，提炼出主要经验、意义和值得学习与发扬的精神；批评通报要分析错误的性质、危害，产生的根源和责任，指出应吸取的主要教训等。三是通报要求。表彰和批评的通报，都应写明组织结论与予以表彰或处理的决定，同时对表彰或批评对象提出希望、要求，向读者发出号召。为了防范和杜绝类似错误发生，批评通报的结尾处通常要有针对性地提出防范的措施或规定。（2）情况通报的正文有两种形式：一种只对有关事实作客观叙述；另一种对有关情况加以分析说明，有时还针对具体问题提出应采取何种对策的指导性意见。

3. 尾部。在正文的右下方写上发文机关单位的名称和发文的年、月、日。如标题里已写明发文机关，其名称即可省略。落款如需加盖公章，注意压年盖月。

（五）通报写作注意事项

1. 文种使用正确。通报与通知容易混淆。如果是告知事项、布置工作、部署行动、要求受文部门贯彻执行的，就用通知行文；如果是通过正反面的典型去教育人们，宣传先进的思想和事迹，提高人们的认识的，就用通报行文。

2. 注意时效性。通报具有较强的时间性。通报的内容都是当前新发生的事件和情况，与推动当前中心工作密切相关，因此，必须不误时机，否则时过境迁，就失去了通报的价值。

3. 材料必须新颖、典型、具有代表性。通报必须选择新颖、典型、具有代表性的人与事，选择与中心任务有关的重大情况和事项来写，使人周知，引起警惕或重视，从而对工作有所启示与推动。

4. 通报的材料必须调查核实。无论是哪种通报，材料都应当真实可靠。特别是批评通报，通常被认为是对被批评者的一种处分形式，因此应特别慎重。通报应力求真实准确，用词分寸恰当，以理服人，才能起到教育作用。

【例文 1】

国家防汛抗旱总指挥部
关于防汛抗旱行政责任人的通报
国汛〔2023〕1 号

各省、自治区、直辖市防汛抗旱指挥部，新疆生产建设兵团防汛抗旱指挥部：

根据《中华人民共和国防洪法》《中华人民共和国防汛条例》《中华人民共和国抗旱条例》关于防汛抗旱工作实行各级人民政府行政首长负责制的规定，现将全国防汛抗旱行政责任人，大江大河、大型及防洪重点中型水库、主要蓄滞洪区、重点防洪城市、南水北调东线及中线工程沿线防汛行政责任人和沿海地区防台风行政责任人名单予以通报。防汛抗旱行政责任人如因工作调整等原因发生变化，由有关省级防汛抗旱指挥部另行通报并报国家防汛抗旱总指挥部办公室备案。

各级防汛抗旱行政责任人要以习近平新时代中国特色社会主义思想为指导，全面贯彻党的二十大精神，认真贯彻党中央、国务院决策部署，坚持人民至上、生命至上，树牢总体国家安全观，立足于防大汛、抗大旱、抢大险、救大灾，压紧压实各方防汛抗旱责任，切实履行工作职责，注重源头治本、精准治理，强化关口前移，优化安全监管，推动公共安全治理模式向事前预防转型，突出防范化解重大洪涝干旱灾害风险，全力组织做好防汛抗旱防台风各项工作，为全面建设社会主义现代化国家开局起步创造良好安全环境。对因失职渎职造成严重后果的，依规依纪依法追究责任。

附件：1. 全国防汛抗旱行政责任人名单

2. 全国大江大河防汛行政责任人名单

……

国家防汛抗旱总指挥部

2023 年 4 月 23 日

（来源：中华人民共和国应急管理部网站）

【例文 2】

应急管理部 2023 年
第一季度政府网站检查情况通报

根据《国务院办公厅秘书局关于做好政府网站季度抽查工作的通知》（国办秘函〔2016〕48 号）和《国务院办公厅秘书局关于印发政府网站与政务新媒体检查指标、监管工作年度考核指标的通知》（国办秘函〔2019〕19 号）要求，我们组织开展了 2023 年第一季度政府网站检

查工作。现将有关情况通报如下:

一、检查情况

2023年2月下旬以来,我们对应急管理部管理范围内2家政府网站(部政府门户网站、中国森林草原防灭火网)进行了全面检查。从检查结果看,各网站总体运行稳定,均为合格网站。

二、整改情况

检查主要发现办事服务、文字表述、功能设计三方面问题,具体包括个别办事指南格式要求不明确、个别办事指南未提供规范表格获取渠道、个别链接打不开、出现文字表述错误等。目前,问题均已整改完毕。

我们将持续严格按照要求开展季度检查,确保各网站持续安全稳定,质量不断提升。

应急管理部办公厅

2023年3月23日

(来源:中华人民共和国应急管理部网站)

十一、批复的写作

(一)批复的释义

批复是答复下级机关的请示事项时使用的文种,是机关应用写作活动中的一种常用公务文书。

(二)批复的特点

1. 回复性。批复的内容属于回复性的内容。因为批复的制作和应用是以下级机关的请示为条件,对上级机关来说是被动发文,下级机关请示什么事项,上级机关就批复什么事项。上级机关对请求事项无论同意与否,都必须有针对性地明确予以回答。

2. 针对性。批复的针对性反映在两个方面:一是批复必须针对请示机关行文,而对非请示机关不产生直接影响;二是批复的内容必须针对请示事项,不涉及请示事项以外的内容。

3. 权威性。批复是答复下级机关请求事项的回复性公文,它提出的处理意见和办法,代表上级机关对问题的决策意见,对下级机关具有行政约束力。特别是对一些重大事项的答复,体现了党和国家的有关方针、政策,具有权威性。所以批复一经下发,下级机关必须遵照执行。

4. 明确性。批复的内容要具体明确,不能有模棱两可的语言,使得请示单位不知道如何处理。

(三)批复的主要类型

1. 审批性批复。主要是针对下级机关请示的公务事宜,经审核后所作的指示性答复。比如关于机构设置、人事安排、项目设立、资金划拨等事项的审批。

2. 指示性批复。主要是针对方针、政策性问题进行答复。这一类批复，不只是对请示机关提出请示事项的答复，而且批复的指示性内容，在其管辖范围内，具有普遍的指导和规范作用。另外，授权政府职能部门发布或修改行政法规和规章的批复，也属于指示性批复。

（四）批复的写作结构及方法

批复主要由首部、正文、尾部构成。

1. 首部。包括标题和主送机关两项内容。（1）标题。批复的标题有多种构成形式：第一种是由发文机关名称、批复事项、行文对象和文种构成；第二种是由发文机关名称、事由和文种构成；第三种是由事由和文种构成；第四种是由发文机关名称、原件标题和文种构成。（2）主送机关。批复的主送机关是指与批复相对应的请示发文机关。授权性的批复，主送机关应当是被授权发布、施行行政法规和规章的下级机关。

2. 正文。正文是批复的主体，其内容比较具体单一，层次构成相对固定。除授权性批复与一般批复的写法有所不同外，其他批复的结构一般由开头、主体和结语三部分组成。（1）开头。通过引叙来文以说明批复缘由，点明批复的下级机关并写明来文日期、标题和文号，以交代批复的根据。（2）主体。主要说明批复事项。应当根据国家的方针、政策、法令、法规和实际情况，针对“请示”的内容给予明确肯定（或否定）的答复或具体的指示，一般不进行议论。也有的批复会在批复事项后面概括提出希望和要求，进一步强调批复的主旨。（3）结语。一般用“此复”“特此批复”等习惯用语。

3. 尾部。一般包括署名和成文时间两项内容。署名写上批复机关单位名称，并加盖公章；成文时间写明年、月、日。

（五）批复写作应注意的问题

1. 注意行文的针对性。下级机关请示什么事项，上级机关就批复什么事项。

2. 观点要明确。无论是审批性批复还是指示性批复，上级机关的态度要明朗，不能含糊其词，更不能模棱两可，以免使下级机关无所遵循。

3. 批复要及时。批复是因下级机关的请示而行文，凡下级机关能够向上级机关行文请示的，说明事关重要、时间紧迫，急需得到上级机关的指示和帮助，所以上级机关应当及时批复，否则就会贻误工作，甚至会造成重大损失。

4. 行文要言简意赅。要做到言止意尽，庄重周严，以充分体现批复的权威性。

5. 批复常用语：（1）直接签发：签发人批示“发”“同意”“速发”等，签字并注明年、月、日（如不同意发文，可批示“不发”“缓发”“修改后重报”等，签字并注明年、月、日）。（2）请他人审阅后再发：签发人批示“请××阅后发”，签字并注明日期。

【例文】

河北省安全生产委员会办公室
关于开滦(集团)有限责任公司钱家营矿业分公司等
9处矿井生产能力及开采强度确定结果的批复

唐山、邯郸、邢台市安委会,省安委会有关成员单位:

按照《国务院安委会办公室关于科学确定灾害严重矿井生产能力防范和遏制煤矿重特大事故的通知》(安委办〔2020〕28号)(以下简称《通知》)和省领导批示要求,省安委办组织相关部门对全省灾害严重矿井生产能力和开采强度进行了科学确定,确定结果已经省政府同意并通过国家煤矿安监局复核。根据《通知》要求,现批复如下。

一、要依法依规组织生产。各灾害严重矿井要严格按照重新确定的生产能力和开采强度(见附表)组织生产,重新确定的生产能力和开采强度是上限也是红线,各矿井严禁超上限、越红线、超能力、超强度违法违规组织生产。

二、及时调整考核指标。对生产能力减少的矿井,国有资产管理部门要督促开滦集团、冀中能源集团核实调整生产经营考核指标,缓解灾害严重矿井生产经营压力,为矿井灾害治理留足时间和空间。

三、积极开展灾害治理工作。各灾害严重矿井要结合本矿灾害类型及国家和省相关政策技术要求,严格制定完善矿井中长期灾害治理计划,一矿一策、一面一策、一头一策明确灾害治理措施,并严格落实。要通过超前严格的灾害治理工作,为矿井安全生产提供基础保障。

四、全力推进煤矿智能化改造提升。严格按照《河北省推进煤矿智能化发展的实施意见》(冀发改能源〔2020〕476号),全面推进灾害严重煤矿智能化改造,2025年,全省灾害严重的大中型煤矿基本完成智能化建设,煤矿主要开采工作面实现自动化、信息化和智能化,安全生产管理系统基本实现智能化运行,井下固定岗位基本实现远程自动化控制、视频监视,重点岗位实现机器人作业。

五、采取综合手段降低单班入井人数。一是优化生产系统。按照系统简单可靠的原则,督促煤矿对通风、运输等系统进行改造,减少生产环节,推进系统优化。二是调整作业方式。积极推行"四六"制作业,优化升井和入井时间,减少单班入井人员。三是大力开展"四化"建设。制定符合矿井实际的"四化"改造提升方案,推进矿井机械化、自动化、信息化、智能化改造提升,替换或减少入井人员。四是改进巷道支护方式。合理确定巷道支护工艺和参数,坚持大断面、高强度、主动支护和被动支护相结合的复合支护方式,提高巷道支护强度,减少巷道变形,降低巷道失修率,压减巷道维护人员。

六、加强灾害严重矿井监督检查。各级监管监察部门要依法依规加大对灾害严重矿井监督检查力度，严肃查处各类违法违规生产行为，杜绝依靠“人海战术”，增加采区、头面等措施提高矿井产量。

附表：灾害严重矿井生产能力及开采强度表

河北省安全生产委员会办公室

2020 年 8 月 27 日

（来源：河北省应急管理厅网站）

十二、纪要的写作

（一）纪要的释义

纪要是记载和传达会议情况和议定事项时使用的一种法定公文。

（二）纪要的特点

1. 内容的纪实性。会议纪要如实地反映会议内容，不能离开会议实际搞再创作，不能搞人为的拔高、深化和填平补齐。否则，就会失去其内容的客观真实性，违反纪实的要求。

2. 表达的要点性。会议纪要是依据会议情况综合而成的。撰写会议纪要应围绕会议主旨及主要成果来整理、提炼和概括。重点应放在介绍会议成果，而不是叙述会议的过程，切忌记流水账。

3. 称谓的特殊性。会议纪要一般采用第三人称写法。由于会议纪要反映的是与会人员的集体意志和意向，常以“会议”为表述主体，“会议认为”“会议指出”“会议决定”“会议要求”“会议号召”等就是称谓特殊性的表现。

（三）纪要的主要类别

1. 办公会议纪要。以办公例会形式对本单位或本部门的工作进行研究讨论、商定决议、安排布置所形成的纪要，记载和反映会议作出的重要决策事项。

2. 专题会议纪要。用于交流会、研讨会、座谈会等，目的是听取情况，传递信息，研讨问题。记载双边或多边会议有关内容和达成协议等，作为后期贯彻执行的依据，对协议各方具有一定约束作用；记载和反映经验交流、专业会议的研讨情况，需要把各方意见写明。

3. 代表会议纪要。侧重于记录会议议程和通过的决议，如党代会会议纪要或职工代表大会会议纪要。

（四）纪要的写作结构及方法

纪要通常由标题和正文构成。

1. 标题。有两种情况，一是“会议名称＋纪要”，如《全国农村工作会议纪要》，二是“召开会议的机关＋内容＋纪要”，如《省经贸委关于企业扭亏会议纪要》。

2. 正文。一般由两部分组成。（1）会议概况。主要包括会议时间、地点、名称、主持人、与会人员和基本议程。（2）会议的精神和议定事项。常务会、办公会、日常工作例会的纪要，一般包括会议内容、议定事项，有的还可概述议定事项的意义；工作会议、专业会议和座谈会的纪要，往往还要写出经验、做法，今后工作的意见、措施和要求。根据会议性质、规模、议题等不同，纪要的正文大致有以下几种写法：一是集中概述法，是把会议议定的有关事项用概括叙述的方法，进行整体的阐述和说明。二是分项叙述法，是把会议的主要内容分成几个大的问题，然后另上标号或小标题，分项来写。三是发言提要法，是把会上具有典型性、代表性的发言加以整理、提炼，分别加以阐述说明。

（五）纪要写作应注意的问题

1. 做好事前准备。通常情况下，举办或召开一次会议，都会涉及会议的组织筹备事宜，包括会议主题的确定、议题的收集、议程的安排及相关背景材料的准备等。有时候这些负责会议记录或整理纪要者自身会全程或部分参与，有时候则有专门人员分工。但无论是何种情况，主笔者都要尽可能地在事前多了解掌握相关情况，根据会议确定的议题，备齐有关背景资料，掌握会议将要研究的主要问题，以便记录、整理时心中有数、查找方便。

2. 忠于会议原意。记录是纪要之基，是起草纪要的蓝本和依据，因此完整、准确、清晰是其基本要求。不管是会议记录还是会议纪要，首先都必须忠实地记下会议的原貌，包括时间、地点、参加对象、会议议题和议程、与会者的讲话内容要点、会议总结或议定的事项等；尤其是要认真领会并忠实记录好主要领导的讲话原意，不可随意偏废。对于每一个参加会议人员的姓名、职务，都要认真落实清楚，原本标记。有时候参加会议的对象较多、内容较广、议程也较分散，记录时就要注意分门别类地按所定议题予以记录清楚。对一些不明事项，则应在会后及时予以核实，以免产生贻误或遗漏。

3. 把握会议要点。纪要的精髓在于“要”，准确把握会议的要点是整理纪要的关键。要掌握会议的要点，关键在于能抓住与会人员达成的共识和议定的事项，也就是要特别注意围绕主题，从与会者的发言中提炼出会议的观点、主张和结论。具体要做到“四善于”：一是善于区分出讨论性意见和表态性、结论性意见的差别；二是善于抓住主管领导、重点部门或某些权威人士发言的实质；三是善于领会和把握会议主持人的总结性发言；四是善于统合大多数与会者形成共识的意见。可以说，做到了以上四点，就等于把握了纪要的基本框架。

4. 确定纪要形式。整理纪要绝不是把会议记录简单地再抄一遍，而是对会议记录进行综合归纳的再加工、细化和提炼的过程，必须集中精力，趁热打铁，精雕细刻；既不能把会议涉及的全部情况都事无巨细地全写上，又不能断章取义或以偏概全，只写某个人的意见，而必须围绕会议宗旨及主要成果来整理、加工、概括。

5. 纪要莫成记录。会议纪要有别于会议记录。二者的主要区别是：第一，性质不同。会议记录是讨论发言的实录，属事务文书。会议纪要只记要点，是法定行政公文。第二，功能不同：会议记录一般不公开，无须传达或传阅，只作资料存档；会议纪要通常要在一定范围内传达或传阅，要求贯彻执行。

【例文】

东营市应急管理局2022年第10次局长办公会议纪要

2022年6月20日下午15:30,刘良范书记在局六楼会议室主持召开局长办公会议,安排部署相关工作。纪要如下:

一、会议听取了局领导关于近期工作开展及下一步工作安排的汇报

会议原则同意各位局领导工作安排,强调抓好落实。

二、陈登山局长安排近期重点工作

(一)强化对"补短板、强弱项、提本质、保安全"专项行动的调度通报,建立定期通报机制,6月底前印发一期通报,扎实推进专项行动落实落地。(责任领导:×××,责任科室:综合科)

(二)会同市政府督查室督促落实全市化工行业安全生产视频会议安排事项。(责任领导:×××,责任科室:危化科)

(三)进一步筛选约谈对象,6月底前开展第二批安全生产约谈。(责任领导:×××,责任科室:综合科)

(四)配合开展省安全生产培训"走过场"专项检查。(责任领导:×××,责任科室:规划科)

(五)做好防汛准备工作。一是尽快编制2022年防汛防台风工作实用手册;二是修订印发防汛应急预案,明确启动各级响应的具体条件,形成与气象预警联动的机制;三是深入开展防汛工作督导检查,确保各项措施落实到位;四是进一步理顺防汛指挥部工作机制,明确任务分工。同时区分日常备汛、极端天气、战时响应等不同场景,配套建立对应的值班备勤、会商研判、应急响应等具体要求;五是汲取郑州"7·20"特大暴雨灾害教训,强化风险意识和底线思维,研究"五断"(即断水、断电、断气、断交通、断通讯)情况下应急联动、应急保障、抢险救援的具体措施,以及"五停"(即停课、停工、停产、停运、停业)的启动条件和启动程序;六是扎实开展应急力量拉动演练,确保应急状态下联系畅通、调动及时、应急高效。(责任领导:李树茂、聂仁锋,责任科室:防汛保障中心、应急科、市域治理中心)

(六)研究建立执法处罚监督工作机制,规范执法行为,切实提高执法效能。(责任领导:×××,责任科室:政法科)

(七)结合季节特点持续开展好各类督导检查、执法检查、诊断式检查等重点工作,不断调整完善检查内容,督促各项措施落到实处,确保不出大的问题。(责任领导:各局领导,责任科室:各有关科室)

三、刘良范书记强调有关事项

(一)将迎接市委巡察、市纪委廉政谈话、财务专项检查与各业务工作同步推进。(责任

领导：各局领导，责任科室：各有关科室）

（二）进一步梳理提升我局改革创新事项，把改革创新作为推进工作的强大动力，切实提升工作水平。（责任领导：×××，责任科室：政法科）

（三）尽快推进城市安全风险综合监测预警试点工作，切实解决制约城市安全发展的问题隐患，突出工作实效。（责任领导：×××，责任科室：综合科）

（四）深入推进危化品安全风险集中治理专项行动，抓好配套制度机制的监督落实。（责任领导：×××，责任科室：危化科）

（五）强化汛期应急能力建设。再排查自发电照明设备、大功率发电机、排水泵情况，编修应急通讯录。重点排查调度各沿河、地势低洼企业，忌水危化品及高温熔融工艺企业，全面建立台账，逐一制定防范措施。（责任领导：×××，责任科室：防汛保障中心、基础科、危化科）

（六）扎实开展安全生产大排查大整治专项行动，进一步排查重大危险源及监管企业底数，分行业分类别建立监管台账。（责任领导：×××，责任科室：综合科）

出　席：×××、×××、×××、×××、×××、×××

请　假：×××、×××

列　席：×××、×××、×××、×××、×××、×××（防汛抗旱专家）

记　录：×××

（来源：东营市人民政府网站）

十三、相近的下行文之间的区别

（一）决议和决定的区别

1. 从制作程序上区分：决议须经某一级机关或组织机构的法定会议对某一议题进行集体讨论，由法定多数表决通过，然后形成正式文件，并以会议的名义公布。决定却不一定经过法定会议讨论通过的程序。它既可以是某种会议讨论研究的成果，形成正式文件予以公布，也可由各级领导机关直接制作并予以公布。因此，可以认定，凡未经有关法定会议讨论通过这一程序，而是以领导机关的名义发布的议决性文件，就只能使用决定。

2. 从内容上区分：(1) 在会议讨论通过的前提下，凡作出了具体的规定和要求，履行法定的权力，强制有关部门贯彻执行的，用决定。若只是简要地表示肯定或否定的意见，履行法律程序，指导有关部门遵照办理的，用决议。(2) 由会议或领导机关直接制定发布行政法规的，用决定；由会议审议批准某项议案、重要报告、法规的，用决议，所审议批准的条文作为决议的附件。(3) 授予荣誉称号或给予处分，用决定；审议机构成立或撤销，用决议。

3. 从写法上区分：公布性决议、批准性决议一般写得比较简要、笼统。阐述性决议除指出指令性意见外，还要对决议事项本身的有关问题作若干必要的论述或说明，即作一些理论上的阐述。决定的写法与决议大不相同，它不多说理论上的道理，而往往着重提出开展某项工作的步骤、措施、要求等。决定要求写得明确、具体一些，措施也更落实，行政约束力强，可以直接成为下级机关行动的准则。而决议往往写得比较概括，原则性条文多，下级机关在贯彻执行时，多数还要根据决议制定相应的具体办法或实施措施。

（二）公报和公告的区别

1. 承担的任务不同。尽管公报和公告都可以用来向国内外宣布重要事项，但公报的内容比公告要具体得多，党的机关使用公报时兼具了行政公文中的公告与通告两方面职能，公报涉及的既有重大事项，又有具体事项。

2. 使用功能不同。公告可以用来宣布法定事项，如法院开庭审理案件等，但公报不能。

3. 约束力不同。一般说来，公告的约束力比公报强，公告公布的是重大事项和法定事项，而且都是与普通百姓密切相关的，而公报具有新闻性，将国内外人士所关注的事件广而告之即可。

4. 使用对象不同。公告属于行政公文，党的机关不使用。公报属于党的公文，主要是党的机关使用，行政机关等有时也使用。

（三）公告和通告的区别

1. 内容的重要程度不同。公告是用来发布重要事项和法定事项的，涉及内容多是国家大事或省市级的行政大事，或者履行法律规定必须遵循的程序。小的局部性事项和非法定的事项，不能采用公告的形式公布。通告是用来发布在一定范围内需要遵守或周知的事项的，它所涉及的事项一般没有公告那么重大。

2. 对发文机关的限制不同。公告是一种高级别的文体，只有涉及全局性的重大事项或法定事项时，才能由高级别的行政部门发布，这一点在前面介绍公告的特点时已有阐述。而通告是一种高级机关和基层单位都可使用的文体，不仅行政机关可以制发，社会团体、企事业单位在自己的职权范围之内，也可以制发。

3. 发布范围不同。公告是向国内外发布重要事项和法定事项采用的文种，它的发布范围比较大，面向全国，有时面向全世界，遍示天下，一体周知，接受的人越多越好。通告虽然也是面向社会发布的，但其告启面相对较窄，只是面向“一定范围内”的有关单位和人员。

4. 发布方式不同。公告多数是在新闻媒体上刊登，一般不用红头文件的方式下发，也不能印成布告的形式公开张贴。而通告可以在新闻媒体上刊登，也可以用红头文件的形式下发，还可以公开张贴。

（四）通报、通告、通知之间的区别

1. 所告知的对象不同。通报是上级机关把工作情况或带有指导性的经验教训通报下级单位或部门，无论哪种通报，受文单位只能是制发机关的所属单位或部门；通告所告知的对象是全部组织和群众，它所宣布的规定条文，具有政策性、法规性和某种权威性，要求人们遵照执行，一般都要张贴或通过电台、电视台等新闻媒体大力宣传；通知一般只通过某种公文交流渠道，传达至有关部门、单位或人员，它所告知的对象是有限的。

2. 制发的时间不同。通报制发于事后，往往是对已经发生了的事情进行分析、评价，通报有关单位，从中吸取经验教训；通告、通知制发于事前，都有预先发出消息的意义。

3. 目的不同。通报主要是通过典型事例或重要情况的传达，向全体下属进行宣传教育或沟通信息，以指导、推动今后的工作，没有工作的具体部署与安排；通知主要是通过具体事项的安排，要求下级机关在工作中照此执行或办理；通告公布在一定范围内必须遵守的事项，有着较强的、直接的和具体的约束力。

4. 作用不同。通报可以用于奖惩有关单位或人员，通知、通告无此作用。

第三节　应急管理平行文

平行文是指同级机关，或者不相隶属的、没有领导与指导关系的机关、部门、单位之间的一种行文。文种主要有议案和函。

一、平行文规则

（1）选准文种。用于平行文的文种相对较少，主要有函、周知性的通知以及告知性的意见。

（2）注意联合行文的条件。同级党政机关、党政机关与其他同级机关必要时可以联合行文。党委、政府各自职权范围内的工作，不得联合行文。

（3）党委、政府的部门依据职权可以相互行文。

（4）部门内设机构除办公厅（室）外不得对外正式行文。

（5）注意行文的语气。在写法上，由于平行文的各机关或部门之间是对等关系，因此要做到态度谦和、语气平缓，不能唯我独尊，强加于人，更不能用指示性的口气。

（6）不相隶属机关之间一般用函行文。

二、议案的写作

（一）议案的释义

议案适用于各级人民政府按照法律程序向同级人民代表大会或者人民代表大会常务委员会提请审议事项。

（二）议案的特点

1. 制发机关的法定性。议案的制发机关只能是各级人民政府，政府的职能部门无权制发。

2. 内容的特定性。人民政府所提议案的内容，必须属于该人民代表大会或常务委员会职权范围内的有关事项。

3. 时效的规定性。各级人民政府的议案，应当而且必须在同级人民代表大会或其常务委员会举行会议规定的限期前提出，否则不能列为议案，超过期限提交的议案一般改作“建议”处理，或移交下次人大会议处理。提交大会审议的议案，必须限期审议表决或提出处理意见。

4. 行文的定向性。议案只能由各级人民政府向同级人民代表大会或其常务委员会行文，不能向其他部门单位行文，主送机关也只有一个。

5. 事项的必要性和可行性。适合提交人大议案审议的事项，必须是重要事项，符合人民群众的意愿和要求，而且议案中提出的方案、办法和措施，也必须是切实可行的，才有可能获得通过。

（三）议案的主要类别

1. 立法性议案。立法性议案主要在两种情况下使用：一是政府机构制定了某项法律或法规之后提请人大审议通过时；二是建议、请求某行政机构制定某项法规时。

2. 重大事项的决策性议案。关于财政预算决算、城乡发展规划、重大工程上马以及政治、经济、文化、教育、科技、卫生等领域中的重大事项的决策，需要提请人民代表大会审议批准时使用的议案，就属于重大事项的决策性议案。

3. 任免性议案。行政机关向权力机关提请任命、免去或撤销行政机关工作人员职务，请求人民代表大会审议批准的议案，就是任免性议案。

4. 建议性议案。以行政部门的身份向权力部门提出建议，也可以使用议案。这种议案有些像建议报告，供人民代表大会审议、采纳。

（四）议案的写作结构及方法

议案一般由公文常规的标题、正文和落款三部分组成。

1. 标题。标题由发文机关、事由（提请审议事项）、文种三部分构成。

2. 正文。从内容上看，由提请审议内容、说明（缘由、目的、意义、形成过程等）和要求组成。从形式上看，可以从提出审议事项开头，然后加以说明；也可以在开头说明议案的缘起或目的意义或形成过程，然后提出审议事项，再结尾。

3. 落款。落款分上、下款。上款即收文机关，如某人民代表大会或其常务委员会，有的要写明某次或第几届第几次会议。下款即发文机关和行政首长签名，另行写提请审议的日期。

（五）议案写作应注意的问题

1. 议案的内容必须是属于法律规定的本级人大或者人大常委会职权范围内的事项。依法应当由地方各级人民政府及其所属部门、人民法院、人民检察院等机关或者其他组织处理的问题、制定行政法规、调整行政区划、调整机构编制、申请经济文化建设项目、增加劳动工资、解决某项专款等事项，不宜作为议案提出。

2. 议案应当在规定的时限内提出。各级人民代表大会在每次会议的主席团第一次会议上，都要对代表提出议案的截止日期作出决定。法定的提案机关和代表，可以在大会举行前或在大会期间提出议案，但必须是在主席团决定的议案截止日期前提出。

3. 议案应当按照法律规定的要求，写清案由、案据和方案。案由是指议案提出的理由；案据是指议案提出的根据；方案是指解决问题的具体办法和具体意见。如果是立法案或地方性法规修正案，应当附有法律草案、地方性法规修正草案。

4. 避免议案和提案混淆。议案是指由法定机关和法定人员依照法定程序提请本级人民代表大会或人大常委会会议进行审议，并要求人大会议讨论、作出决定的议事原案。提案是人民政协的专用术语，是指参加政协的单位或者委员个人向全体会议或常务委员会提出的，经提案委员会审查立案，交付有关单位办理的书面意见和建议。

【例文】

彭泽县人民政府关于提请审议

《2023年彭泽县民生实事人大代表票决候选项目(草案)》的议案

县十七届人大三次会议主席团：

《2023年彭泽县民生实事人大代表票决候选项目》，已经十四届县委第30次常委会会议和县人民政府第33次常务会议研究通过。2022年12月12日提请了县十七届人大常委会第17次主任会、12月29日提请了县十七届人大常委第11次会议审议，并按有关程序形成了《2023年彭泽县民生实事人大代表票决候选项目(草案)》。现提请审议。

2023年1月3日

2023年彭泽县民生实事人大代表票决候选项目(草案)(略)

(来源：彭泽县人民政府网站)

三、函的写作

(一) 函的释义

函是指不相隶属机关之间商洽工作、询问和答复问题、请求批准和答复审批事项等所使用的公文。

(二) 函的特点

1. 沟通性。函对于不相隶属机关之间相互商洽工作、询问和答复问题，起着沟通作用，充分显示平行文种的功能，这是其他公文所不具备的特点。

2. 灵活性。表现在两个方面：一是行文关系灵活。函是平行公文，但是它除了平行行文外，还可以向上行文或向下行文，没有其他文种那样严格的特殊行文关系的限制。二是格式灵活，除了国家高级机关的函必须按照公文的格式、行文要求行文外，其他一般的函，比较灵活自便，也可以按照公文的格式及行文要求办；可以有文头版，也可以没有文头版，不编发文字号，甚至可以不拟标题。

3. 单一性。函的主体内容具备单一性的特点，一份函只宜写一件事项。

（三）函的主要类别

1. 商洽函。这类函在平行机关或不相隶属机关之间相互协商或联系工作时使用。商洽性函较多地在商调人员、联系工作或处理有关业务性、事务性事项等时使用。这类函的正文通常由商洽缘由（发函的原因）和商洽事项两个部分组成。商洽事项有时还特别写清对受文的要求与希望。

2. 答询函。答询函包括询问函和答复函。用于机关或部门之间相互询问和答复问题。有些不明确问题向有关机关和部门询问，用询问函；对有关部门所询问的问题作出解释答复，用答复函。

3. 请批函。用于向有关主管部门请求批准事项。请批函与请求有所区别：向上级机关请求批准，用“请示”；向不相隶属机关（包括同级机关）的有关主管部门请求批准，用“请批函”。

4. 告知函。告知函亦称通报函，是将某一活动或事项告知对方。这种函类似于知照性通知，由于没有隶属关系，用“通知”不妥，所以宜用“函”。另外，告知函不要求对方回复。

（四）写作结构

函由首部、正文和尾部三部分组成。

1. 首部。主要包括标题和主送机关。(1) 标题。公函的标题一般有两种形式：一种是由发文机关名称、事由和文种构成。另一种是由事由和文种构成。(2) 主送机关。即受文并办理来函事项的机关单位，于文首顶格写明全称或者规范化简称，其后用冒号。公开征求意见的函一般不写主送机关。

2. 正文。一般由开头、主体、结尾等部分组成。(1) 开头。主要说明发函的缘由。一般要求概括交代发函的目的、根据、原因等内容，然后用“现将有关问题说明如下：”或“现将有关事项函复如下：”等过渡语转入下文。如果是复函，其缘由部分一般首先引叙来文的标题、发文字号，然后再交代根据，以说明发文的缘由。(2) 主体。这是函的核心部分，主要说明致函事项。函的事项内容单一，一函一事，行文要直陈其事。无论是商洽工作，询问和答复问题，还是向有关主管部门请求批准事项等，都要用简洁得体的语言把需要告诉对方的问题、意见叙写清楚。如果属于复函，还要注意答复事项的针对性和明确性。(3) 结尾。一般用礼貌性语言向对方提出希望：或请对方协助解决某一问题，或请对方及时复函，或请对方提出意见，或请主管部门批准等。

3. 尾部。一般包括署名和成文时间两项内容。署名机关单位名称，写明成文日期并加盖公章。

（五）函写作应注意的问题

1. 内容要有针对性。函有鲜明的针对性，主要表现在：一是紧紧围绕函中所提出的问题和公务事项来写。二是往来机关应当与函中所提出的问题和公务事项相称。也就是说，函中所提出的问题和公务事项应该是函往来机关有可能解决的。三是除特殊情况外，应坚持一函一事。

2. 掌握分寸感。函的用语力求平和礼貌，特别忌讳命令语气，但是也不能为了谋求问题解决，极尽恭维逢迎之能事。

3. 开门见山。无论是去函还是复函，在写作中都应该开门见山，尽快进入主题，力戒漫无边际，故意绕弯子，忌讳不必要的客套，尽量少讲空泛抽象的大道理。

4. 使用函常用语：(1) 告知函常用："专此函达"；(2) 询问函常用："特呈函，盼予函复"；(3) 商洽函常用："可否，请予研究函复"；(4) 请批函常用："特呈函，请予批准函复"。此外还有："特此函商""妥否，请予函复""此复""请函复""可否，请函复""盼复""特此函告""此复""特此函复""专此函复"等。

【例文 1】

应急管理部办公厅关于明确石油天然气企业安全生产许可证办理有关事项的函

应急厅函〔2022〕6 号

各省、自治区、直辖市应急管理厅(局)，新疆生产建设兵团应急管理局，海油安监办各分部：

近日，有网民在中国政府网留言，反映在申请办理石油天然气企业安全生产许可证时，应急管理部门以不能提供采矿许可证复印件为由不予受理。经研究，现就有关事项进一步明确如下：

依据《非煤矿矿山企业安全生产许可证实施办法》(国家安全监管总局令第 20 号)、《国家安全监管总局办公厅关于印发非煤矿矿山企业安全生产许可证申请书等 10 种文书格式的通知》(安监总厅管一〔2009〕183 号)，陆上采油(气)、海上采油(气)企业申请办理安全生产许可证，需要提交采矿许可证复印件；钻井、物探、测井、录井、井下作业、油建、管道储运、海油工程企业申请办理安全生产许可证，不需提交采矿许可证复印件。

应急管理部办公厅

2022 年 1 月 11 日

(来源：中华人民共和国应急管理部网站)

【例文 2】

关于公开征求推荐性国家标准《救灾帐篷通用技术要求(报批稿)》意见的函

根据国家标准制修订计划安排，我们组织全国应急管理与减灾救灾标准化技术委员会完成了推荐性国家标准《救灾帐篷 通用技术要求(报批稿)》及编制说明(见附件1、2),现向社会公开征求意见。此次公开征求意见截止时间为2023年6月26日,反馈意见请填写征求意见表(见附件3),并发送至指定电子邮箱(stcem@ndrcc.org.cn)。

联系人及电话:×××,010－5281××××。

附件:1. 救灾帐篷 通用技术要求(报批稿)

2.《救灾帐篷 通用技术要求(报批稿)》编制说明

3. 应急管理标准项目征求意见表

应急管理部政策法规司

2023年4月26日

(来源:中华人民共和国应急管理部网站)

思考题

1. 应急管理上行文需要遵循哪些规则?
2. “请示”要遵循哪些写作结构和方法?
3. 下行文有哪些类型?
4. 通告的特点是什么?
5. 举例说明通知和通告两个文种的区分和选用。

第三章 应急管理事务文书写作

学习目标和要求

学习、掌握应急管理工作计划类文书、工作总结类文书、调查报告类文书等常用事务文书的含义、适用范围、基本特点、分类及写作要求。

第一节 应急管理事务文书概述

一、应急管理事务文书的概念

应急管理事务文书是应急管理系统各级各类机关、企事业单位在处理日常工作时除法定文书以外经常使用的文书。

二、应急管理事务文书的特点

（一）对象的明确性

应急管理事务文书的写作有明确的对象和特定的读者，对于对象有明显的约束力，一般来说对象非看不可。如下一级应急管理部门报送所属上级应急管理部门的计划、总结、简报、调查报告等，所属上级单位或领导必须收阅；再如条例、办法、规定、章程等，凡涉及的人都一定得看。

（二）内容的实效性

应急管理事务文书是直接用来处理事务工作的，要注意实用，讲求效率。为此，应急管理事务文书从主旨的确立到材料的使用都必须切合实际讲求效率；写作形式的运用也要讲求实际和效率，便于文书内容的落实。

（三）一定的程式性

应急管理事务文书一般都有一定的程式性，有约定俗成的惯用格式。虽然它不像法定文书那样有着非常严格的格式要求，但在长期的应用中，应急管理事务文书的实用性和真实性使它逐渐形成了较为稳定的结构层次、习惯用语、处理程序等要素。虽然格式上有一定的灵活性，但总体上是相对固定的。

（四）较强的时限性

应急管理事务文书是针对工作、生活中的具体事务而撰写的，而一项工作任务的完成、一个问题的解决，大都有一定的时间要求。虽然应急管理事务文书的时限要求没有法定公文那样紧迫，但同样也要在限定的时间内及时完成，否则很难发挥应有的作用。

三、应急管理法定文书与应急管理事务文书的区别

（一）作者更广泛

应急管理法定文书具有严格的法定作者，而应急管理事务文书作者相对宽泛，有的是以应急管理系统机关的名义制发，有的是以应急管理系统机关的某个部门的名义制发，有的则是以应急管理系统机关的领导人或代表的名义制发，作者具有广泛性。正因为如此，应急管理事务文书的使用频率和应用范围远远超过应急管理法定文书。应急管理系统工作中，计划、总结、简报、调查报告等事务文书都可以派上用场，有时还作为正式公文的附件行文，具有公文同等的法定权威和效力。

（二）行文更宽泛

应急管理法定文书有严格的行文规则，而应急管理事务文书行文相当宽泛自由，可以灵活选择行文对象，也可越级行文，如简报，就可以上报，也可以平送，还可以下发。会议记录、大事记等因属内部资料，一般不外发。

（三）程序更简便

应急管理法定文书的制发和处理须经过一定的程序，不得擅自处理。而应急管理事务文书没有那样严格的处理程序，只需按照各种组织隶属关系来行文即可。

（四）体式更灵活

应急管理法定文书的体式必须按照国家统一确定的规范体式制作，各级各类机关都必须按照规定的体式制发文件。而应急管理事务文书没有特定的体式、统一的标准，这就决定了其不必像法定公文那样讲求规范性。应急管理事务文书的各类文种完全是依据自身特点和长期以来约定俗成、被人们认可的体式来制作的，因此，具有很强的灵活性。在谋篇布局上，可针对不同的文种，除必须反映的关乎文种实质的内容外，均可灵活处理，并无硬性规定。

四、应急管理事务文书的分类

（一）应急管理计划类文书

应急管理计划类文书是应急管理系统各级单位或个人对一定时限内的工作、生产或学

习有目的、有步骤地安排或部署所撰写的文书。这类文书包括规划、设想、计划、方案、安排等。

（二）应急管理总结类文书

应急管理总结类文书是应急管理系统各单位或个人对过去一个时期内的实践活动作出系统的回顾归纳、分析评价，从中找出经验和教训，形成规律性的认识，明确今后实践的方向的事务性文书。这类文书包括全面性工作总结、专题性工作总结、汇报性总结、经验性总结等。

（三）应急管理调查报告类文书

应急管理调查报告类文书是对应急管理领域某项工作、某个事件、某个问题，经过深入细致的调查后，将调查中收集到的材料加以系统整理、分析研究，以书面形式向组织和领导汇报调查情况的一种事务性文书。

五、应急管理事务文书的写作要求

（一）掌握充足的材料

写作任何一种应急管理事务文书，都需要尽可能详尽地占有材料。没有充分的材料，就找不出规律，得不出正确的结论，也就达不到指导工作的目的。写作事务文书须备有以下材料：

1. 背景材料。包括用于揭示和说明社会环境和自然环境的材料。

2. 现实的典型材料。事务文书都是用事实说话、寓理于事，作者只有占有能集中揭示客观规律的有代表性的典型材料，才能有效地说明问题。

3. 过程性材料。无论是调查报告、工作总结还是述职报告等都要反映出客观事实的完整过程。因而，作者必须掌握过程性的材料，即包含着时间、地点、人物、事件、原因、结果等要素的材料。

4. 评价性材料。写作事务文书，不仅要占有当事人的材料，还应注意听取专家、群众对某人或某事或某项工作的评议。

（二）要有前瞻意识

写作任何一种应急管理事务文书，都要具有前瞻意识，即能站在时代和未来的高度，审视和分析问题。

（三）要实事求是

应急管理事务文书具有鲜明的政治性和较强的政策性，这一点与应急管理法定文书是基本一致的。因而，写作事务文书，从收集材料、分析材料到撰写成文，都要有实事求是的写作态度，来不得半点的虚假和浮躁，不仅所用的材料要绝对真实、准确，而且对事实的评价也要客观、公允，既不能夸大，也不能缩小。

第二节　应急管理计划类文书写作

应急管理计划类文书，是应急管理系统各级单位、团体为达到某一目标或完成某一任务，对目标达到、任务完成前特定时段工作的设计和安排类事务性文书。

一、应急管理计划类文书的特点

（一）方向指导性

这是计划的根本属性，是由计划的写作目的决定的。制订计划，就是对实践起控制和约束作用，主要是为了克服工作中的盲目性。在具体应用中，无论是上级下发的计划，还是本单位自行制订的计划，其指导性都体现在计划所提出的既科学合理、又具体可行的目标、步骤、措施和要求上，其目的都是指导有关人员在执行计划、开展工作时有所参照和遵循，以控制方向、规模、速度，使任务能够按时圆满完成。

（二）未来预见性

计划的预见性是其他应用文体所不具有的。一般情况下，想要科学地制订计划事先需要进行调查研究，如上一阶段的工作情况怎样，实施计划的内部条件和外部环境如何，并以此为依据确定工作目标、具体做法及实施步骤。但毕竟是对未来工作的设想，对可能遇到的新情况，以及实施步骤、完成时间，都带有主观预期、设想等因素。因此，计划不能定得过死，必须留有余地，在实施过程中一旦发现与实际有不符的地方，或出现新情况，就要进行进一步的修改和完善。

（三）内容具体性

计划的实质是对理想、目标的具体化。再好的计划也要付诸实施才能取得效果，因此，制订计划必须符合实际，具体明确，切实可行。目标定得过高，无法实现和完成；定得过低，又无法起指导和激励作用。计划的目标、步骤、措施、要求、时限不但要写得具体细致，还要便于检查督促，对照落实。不切实际或操作性差的计划，将是毫无价值的一纸空文。

（四）完成时限性

做任何工作都必须有一个时限。计划所规定的各项具体任务、目标都是要在一定时限内完成和达到的，对时限有明确的要求，超出其有效的时限，计划约束力就会消失。

二、应急管理计划类文书的主要类型

（一）规划类

实现目标的期限较长，往往是五年以上。内容侧重在工作的指导方针、努力方向、工作的实施步骤和重要措施等。作用主要是针对全局工作战略性、方向性的规定，以指导局部

的、短期的各项工作。文种名称常用规划、发展规划、远景规划、纲要、发展纲要等。

（二）计划类

实现目标的期限较规划短，以年度计划和一年以内的短期计划为多。计划类文种一般都叫“计划”。

（三）安排类

指较短时间段内对工作的具体安排。它的内容具体、细致、执行和检查均极方便。

三、应急管理计划类文书的写作结构和方法

应急管理计划类文书一般由标题和正文两部分组成。

（一）标题

包括制发单位、时间限断语、事由和文种类别四部分，一般四者要齐全。时间限断语是计划适用的时限范围，但有时制订者认为计划的执行范围是特指一个领域或仅在本单位，已很明显，在标题中将其省略。如《全国应急管理系统法治宣传教育第八个五年规划(2021—2025年)》《“十四五”应急管理标准化发展计划》。

（二）正文

通常包括开头、主体、结尾三部分内容。(1)开头。也称为前言或导语，其主要内容是对基本情况进行概述或分析，或对计划概括说明，或说明依据什么方针、政策以及上级的什么指示精神，在什么条件下，制订这个计划，完成这个计划的必要性、可能性以及要达到什么主要目的等。这是制订计划的基础，要写得简明扼要。(2)主体。这是计划的核心内容，包括目标、措施、要求三项内容，也称为计划的“三要素”。一是目标(任务)，要回答“做什么”的问题，可以是总体目标，也可以是具体任务或指标。目标制定对计划的撰写乃至计划的实施至关重要，目标过高或过低都不合适。这就需要深入调查研究，广泛征求意见和充分论证，慎重确定目标。二是措施(办法)，回答“如何做”“怎样做”的问题。一般性计划不需要写出阶段，只写全年或一个时期具体做哪些工作，为实现目标、完成任务采取哪些措施。比较详细的计划，一般包括组织分工、进程安排、物质保证、方式方法等。组织分工可说明领导机构，进程安排主要是对目标实行“分步走”，一般要安排若干阶段。如果是年度计划，那么每一季度(甚至月份)要完成哪些工作、要达到什么指标都要加以明确；如果是专项计划，则要划分阶段，明确每一阶段的大致任务及具体安排，如做好某项工作，可以分为准备阶段(包括传达、动员、学习、成立组织、物质准备等)，实施阶段(具体工作的展开、落实)，总结阶段(收尾、小结)。进程安排是计划事项的重要内容，也是重要措施之一。物质保证，包括实施计划的人力、财力、物力，配备多少、如何配备等。方式方法是完成任务的具体手段，一般要写得比较简要。三是要求，回答“做得怎样”“做到什么程度”之类的问题，主要是质量、数量、时间上的要求。质量上要达到什么标准、什么水平、什么程度；数量上要达到什么指标；时间上要什么时候完成该项工作等。要求既要写得全面周到，又要写得有条

不紊，具体明白。计划的“三要素”是互相联系的，没有目标(任务)，或者目标不明确，就谈不上措施要求；没有具体的措施，目标就难以实现；而没有具体要求，实现目标的效率、质量就没有保证。它们之间是互相依存、缺一不可的。(3) 结尾。或突出重点，或进一步强调有关事项，或提出简短号召，有的计划也可不写结尾。

四、应急管理计划类文书的写作注意事项

(一) 遵循可行性原则

在制订计划时，要认真、系统、全面地调查研究，把调查研究作为制订计划的前提。在调查研究的基础上，分析主客观因素，反复酝酿、讨论，对未来的工作作出科学可行的预测。要重视客观规律，不可闭门造车，致使计划事项根本无法实现。

(二) 遵循事物发展的客观规律

从实际出发，按客观规律办事。一是要根据客观存在的实际情况及事物的发展规律来制订计划，而不是根据个人的主观愿望、理想、热情和意志来制订；二是要对现实情况进行具体科学的分析，依据分析的结果制订计划。

(三) 严格把握有关政策

制订计划时，要考虑哪些事情应当做，哪些事情不应当做，要以党和国家的方针政策为依据和尺度。因此，制订好工作计划，事前须认真学习党和国家的有关方针政策，深刻领会其精神实质。

(四) 注意统筹兼顾

制订工作计划，既要个体服从整体，局部服从全局，下级服从上级；又要与平行单位协调一致，以大局为重，兼顾兄弟单位和个人的利益。既要正确处理好一般工作与中心工作的关系，注意计划本身的综合平衡，抓住工作重点，使各项工作均衡、协调发展；又要依据轻重缓急的原则，安排好工作的先后顺序。

(五) 内容做到具体明确

计划中的任务、目的、指标、措施、办法、步骤、负责单位或负责人等应写得具体明确、责任分明。这样既便于执行计划，也便于检查工作。

(六) 注意目标的恰当性

制订计划不可把话说死，不要绝对化，要留有修正的余地，在执行中可根据不断变化的实际情况进行修订。这样可以给计划执行者留有创造的余地。那些超标准的计划看似振奋人心，实为空文；那些要求过低的计划虽易执行，却不会起到促进工作、鼓舞士气的作用。

【例文1】

“十四五”国家防震减灾规划

防震减灾是防灾减灾救灾的重要内容，也是应急管理体系的重要组成部分，事关人民群众生命财产安全，事关社会和谐稳定。为深入贯彻落实习近平总书记关于防灾减灾救灾重要论述和防震减灾重要指示批示精神，加快推进防震减灾事业高质量发展，根据《中华人民共和国防震减灾法》《中华人民共和国国民经济和社会发展第十四个五年规划和2035年远景目标纲要》《“十四五”国家应急体系规划》和《新时代防震减灾事业现代化纲要(2019—2035年)》等法律法规和文件，制定本规划。

一、发展环境

（一）发展成就。（略）

（二）机遇挑战。（略）

二、总体要求

（一）指导思想。以习近平新时代中国特色社会主义思想为指导，全面贯彻党的十九大和十九届历次全会精神，深入落实习近平总书记关于防灾减灾救灾重要论述和防震减灾重要指示批示精神。（略）

（二）基本原则。坚持党的全面领导，坚决做到“两个维护”；坚持以人民为中心，服务高质量发展；坚持预防为主，防范重大风险隐患；坚持系统观念，统筹协调；坚持改革创新，依法治理；坚持开放合作，融合发展。（略）

（三）主要目标。到2025年，初步形成防震减灾事业现代化体系，体制机制逐步完善，地震监测预报预警、地震灾害风险防治、地震应急响应服务能力显著提高，地震科技水平进入国际先进行列，地震预报预警取得新突破，地震灾害防御水平明显提升，防震减灾公共服务体系基本建成，社会公众防震减灾素质进一步提高，大震巨灾风险防范能力不断增强，保障国家经济社会发展和人民群众生命财产安全更加有力。

三、主要任务

（一）提升地震监测预报预警能力。包括夯实监测基础，优化测震观测和地球物理观测站网，着力提升西部地区和近海海域地震监测能力。完善水库、核电等专业监测台网，提升非天然地震事件的监测能力。发展空间对地观测技术应用，探索无人机探测和船载综合物理观测技术。实施地震台站改革，推动业务转型升级。加强地震预报，优化地震长中短临和震后趋势预报业务。构建区域断层模型，探索地震数值预测和综合概率预测。建设全国一体化分析会商技术平台，完善地震预测评价机制。组建地震预报分析首席专家团队。建立新时代专群结合模式。强化预警服务，建成国家地震烈度速报与预警系统，引导社会力量共建中国地震预警“一张网”。建设多终端立体化传播平台，精准发布地震预警信息，为

“十四五”时期防震减灾事业发展主要指标

类别	序号	指标内容	预期值
地震监测预报预警能力	1	地震监测水平	京津冀、长三角、珠三角、成渝等特大城市群地区达到1.0级； 东部人口稠密地区达到1.5级； 西部大部分地区达到2.0级； 近海海域地区达到3.0级。
	2	地震速报预警水平	1分钟左右实现大陆东部2.0级、西部3.0级、近海海域3.0级以上地震基本参数自动速报； 5分钟内完成地震烈度初报，10分钟内完成地震烈度速报； 重点地区灾害性地震发生后10秒内发布预警信息，公众覆盖率不低于80%。
	3	地震预报水平	力争作出有减灾实效的地震短临预报。
地震灾害风险防治能力	4	地震活动断层探测完成量	完成不少于15条活动断层填图；完成不少于20个城市活动断层探测。
	5	地震灾害风险调查和重点隐患排查完成量	完成全国地震灾害风险调查基础数据库建设，数据入库检测通过率95%以上； 完成全国1∶100万和31个省级1∶25万的地震构造图、地震危险性图、地震灾害风险图； 完成全国地震易发区地震灾害重点隐患分布图，初步完成第六代区划图编制。
	6	地震易发区房屋加固改造完成量	城市不少于400万套；农村不少于300万户。
地震应急响应服务能力	7	地震应急响应保障水平	震后15分钟内提供地震灾害自动快速评估简报，震后40分钟内提供地震灾害快速评估专报； 震后10分钟内提供地震趋势自动快速研判意见，震后60分钟内提供地震趋势研判意见。
	8	地震现场灾害评估水平	一般破坏性地震发生后4～7天提供地震烈度图。

社会公众和高铁等行业用户提供预警服务。

（二）提升地震灾害风险防治能力。（略）

（三）提升地震应急救援能力。（略）

……

四、重点工程项目

（一）中国地震科学实验场建设工程。建设中国特色、世界一流的地震科学实验场，建设集野外观测、数值模拟、科学验证及成果转化应用全链条的科技创新平台。在川滇菱形地块东边界带和重点地区，建成国际领先的多学科高时空分辨率地震科学观测网、地震预测与防震减灾应用分析平台和地震灾害链观测实验平台，提高地震预测能力，服务国家战略和重大工程安全，为提升城市地震韧性提供科学依据，促进应急管理、地震及相关地球学科发展，服务和保障经济社会发展。

（二）国家地震监测台（站）网改扩建工程。（略）

（三）第六代地震灾害风险区划工程。（略）

……

五、保障措施

（一）加强组织领导。把党对防震减灾工作的全面领导落到实处，健全规划实施工作机制，细化目标、分解任务、明确责任，发挥防震减灾相关部门和行业各单位的积极性创造性，确保规划目标如期实现。加强宣贯，营造规划实施的良好氛围。

（二）健全投入机制。（略）

（三）建立协同机制。（略）

……

（来源：中华人民共和国应急管理部网站）

【例文 2】

山东省应急管理厅 2023 年度普法工作计划

为深入贯彻落实《全国应急管理系统法治宣传教育第八个五年规划（2021—2025 年）》《全省应急管理系统法治宣传教育第八个五年规划（2021—2025 年）》，大力提升应急管理系统普法与依法治理水平，现结合工作实际，制定本计划。

一、总体要求

坚持以习近平新时代中国特色社会主义思想为指导，深入学习宣传贯彻习近平法治思想，全面贯彻落实党的二十大、二十届一中全会精神，深入贯彻省委省政府关于法治政府建设重大决策部署，锚定“走在前列、全面开创”“三个走在前”总遵循、总定位、总航标，以深入落实省委省政府安全生产“八抓 20 条”创新措施为抓手，聚焦《中华人民共和国宪法》《中华人民共和国行政处罚法》《中华人民共和国突发事件应对法》《中华人民共和国安全生产法》《山东省安全生产条例》等核心法律法规，以“时时放心不下”的责任感大力实施分类精准普法，严格落实国家工作人员学法用法制度，广泛普及应急管理法律法规知识，持续提升依法应急能力，切实营造尊法学法守法用法的浓厚法治氛围。

二、普法学习主要内容

（一）深入学习宣传习近平法治思想。深入学习宣传习近平法治思想的重大意义、丰富内涵、精神实质和实践要求，将习近平法治思想作为党委理论学习中心组和“应急管理大讲堂”重点学习内容，在多思多想、学深悟透上下功夫，在系统把握、融会贯通上出实招，在学以致用、知行合一上严要求，切实把习近平法治思想贯彻落实到应急管理各项工作中，推动习近平法治思想入脑入心、走深走实。

（二）深入学习宣传以宪法为核心的中国特色社会主义法律体系。（略）

（三）深入学习宣传应急管理相关法律法规规章。（略）

三、普法学习工作安排

1. 健全完善厅党委理论学习中心组集体学法制度，将习近平法治思想列入党委理论学习中心组重点学习内容，年度组织开展集体学习不少于2次。厅主要领导要将履行法治建设第一责任人职责情况纳入年终述职内容，要带头讲法治课，充分发挥领导干部尊法学法守法用法示范带动作用。[责任单位：办公室、政策法规处（行政许可处）、机关党委分工负责]

2. 对照普法学习内容，采取自学、集中学习等形式，结合党支部“三会一课”等党日活动开展本处室、单位学法活动。（责任单位：各处室、单位）

……

各处室、单位要认真及时总结普法工作开展情况，形成普法工作总结于12月31日前汇总至政策法规处（行政许可处），政策法规处（行政许可处）汇总后按程序报省委全面依法治省委员会办公室。

（来源：山东省应急管理厅网站）

【例文3】

××区应急管理局2023年2月重点工作安排

1. 迎接省市督查冬春救助发放工作。

2. 对接防灾减灾年度考核工作。

3. 启动汛前基础资料收集工作。

4. 持续做好森林防灭火工作。

5. 做好2022年度市对区县考核和区对各镇街、成员单位安全生产及消防考核工作。

6. 做好“1.9”九龙园区粮食储备库安全生产事故调查处理工作。

7. 对危化企业、烟花爆竹零售经营企业，园区使用、储存危化品的工贸企业开展安全专项检查。

8. 对城镇燃气安全、铁路安全工作进行一次专项检查。

第三节　应急管理总结类文书写作

应急管理总结类文书是应急管理系统各单位或个人对过去一个时期内的实践活动作出系统的回顾归纳、分析评价，从中找出经验和教训，形成规律性的认识，明确今后实践方向的事务性文书。

一、应急管理总结类文书的特点

（一）回顾性

总结是对已经做过的工作进行全面系统的回顾、检查、分析、研究、归纳和提炼，把大量的感性材料集中起来，使之条理化、系统化、科学化。

（二）客观性

总结对社会实践活动进行全面回顾、检查，这决定了其有很强的客观性特征。它以自身的实践活动为依据，所列举的事例和数据都必须完全可靠，确凿无误，任何夸大、缩小、随意杜撰、歪曲事实的做法都会使总结失去应有的价值。

（三）概括性

总结是对工作实践活动的本质概括，要在回顾工作实践活动全过程的基础上，进行分析研究，归纳出能够反映事物本质的规律，把感性认识上升到理性认识，这正是总结的价值所在。

（四）指导性

总结的目的在于指导今后的实践。肯定成绩是为了增强信心，鼓足勇气，做好以后的工作；提炼经验是作为后事之师，发扬光大，不断前进；得出教训是为了弄清失利原因，以便记取，避免重蹈覆辙。

二、应急管理总结类文书的主要类型

（一）全面性工作总结

全面性工作总结是对一个单位、一个组织在一个时期、一个阶段内的工作实践进行全面总结，内容丰富，篇幅较长。一般时间跨度久，涉及范围广，包含内容多。其关键是要总结经验和教训。

（二）专题性工作总结

专题性工作总结就是对某项工作进行专题总结，也就是单独对某项工作、某一个方面的经验教训进行专门总结。一般内容集中、单一，具有较强的针对性，篇幅较短。其特点是突出一个“专”字，要求主题专、内容专、事例专、经验专、写作手法专。

（三）汇报性总结

汇报性总结即工作总结。它的职能就是汇报，向上级反映情况、提供信息，以便领导准确、全面地了解下级的工作情况，获得政策、方针的反馈信息，更好地指导工作和决策工作。

（四）经验性总结

经验性总结又称典型性总结。“经验”的本义是指由实践得来的知识。我们现在所说的经验总结通常指由实践得来的正确、先进的知识。

三、应急管理总结类文书的写作结构和方法

总结一般由标题、正文和尾部三部分组成。

（一）标题

标题一般由单位名称、时间和文种组成，如《安徽省应急管理厅2022年工作总结》。根据实际工作需要有时标题省略单位名称。

（二）正文

正文一般由前言、主体、结尾组成。

1. 前言。即正文的开头，一般简明扼要地概述基本情况，交代背景，点明主旨或说明成绩，为主体内容的展开做必要的铺垫。

2. 主体。这是总结的核心部分，其内容包括做法、成绩和问题、经历和教训等。这一部分要求在全面回忆工作情况的基础上，深刻、透彻地分析取得成绩的原因、条件、做法，以及存在问题的根源和教训，提醒工作中带有规律性的东西。回忆要全面，分析要透彻。

不同类型的总结，内容有所侧重：在写作全面性工作总结过程中，既要把各方面的工作情况都反映出来，又要突出中心，抓住重点，纵深结合。在写专题总结时，必须对有关专题的内容、原则、要求、方法，全面深刻地进行认识和理解，知道所要写的总结专在哪里，专得是否有理有据，专得是否新颖。汇报性总结开头、结尾要写得十分简洁，回顾部分要全面、有主次地汇报所做过的工作，回答“做了什么”的问题，反思部分是总结者自己对过去工作的评价，即回答“做得怎么样”的问题。经验性总结一般是受到上级嘉奖或舆论好评的先进单位以及某些先行、试点单位才有必要写。

3. 结尾。可以概述全文，可以说明好的经验和做法带来的效果，也可以提出今后努力方向或改进意见。

（三）尾部

包括署名和时间两项内容。如果标题中已有署名，这里可不再写。

四、应急管理总结类文书的写作注意事项

（一）要实事求是

工作总结中，常常出现两种倾向：一种是好大喜功，搞浮夸，只讲成绩，不谈问题；另一种是将总结写成“检讨书”，把工作说成一无是处。这两种都不是实事求是的态度。总结的特点之一“回顾的理论性”，正是反映在如实地、一分为二地分析、评价自己的工作上，对成绩不要夸大，对问题也不要轻描淡写。

（二）有理论价值

一方面，要抓主要矛盾，无论谈成绩或谈存在问题，都不要面面俱到。另一方面，对主

要矛盾要进行深入细致的分析，谈成绩要写清怎么做的，为什么这样做，效果如何，经验是什么；谈存在问题，要写清是什么问题，为什么会出现这种问题，其性质是什么，教训是什么。这样的总结，才能对前一段的工作有所反思，并由感性认识上升到理性认识。

（三）要叙议得当

这是总结在表述上的特别要求。应以叙述为主，叙议结合。一般在交代工作的过程、列举典型事例时，以叙述为主；在分析经验教训、指明努力方向时则多发议论。议论不宜过多，主要是靠事实说话。但要注意，只叙不议，会变成罗列现象；而只议不叙，则会变成空谈。

（四）用第一人称

即要从本单位、本部门的角度来撰写。表达方式以叙述、议论为主，说明为辅，可以夹叙夹议。条理要清楚。总结是写给人看的，条理不清，人们就看不下去，或即使看了也不知所云，达不到总结的目的。

【例文1】

安徽省应急管理厅2022年工作总结和2023年重点工作安排

2022年，在省委、省政府的坚强领导下，全省应急管理工作坚持以习近平新时代中国特色社会主义思想为指导，深入学习贯彻党的二十大精神、习近平总书记关于应急管理重要论述和考察安徽重要讲话指示精神，认真贯彻落实安徽省委、省政府决策部署，坚持以“防风险、保安全、迎二十大”为主线，坚持人民至上、生命至上，统筹发展和安全，深化安全生产“铸安”行动，强化自然灾害风险监测预警、会商研判、风险管控和应对处置，扎实做好防汛抗旱工作，持续强化森林草原防灭火工作，统筹加强地震、地质灾害风险的防范应对，推进应急管理信息化建设，提升防灾减灾救灾能力，全力以赴防范化解重大安全风险。

全省安全生产实现“三降三无”：事故总量、死亡人数、较大事故起数同比分别下降29.5%、32.8%、31.6%，未发生重大生产安全事故，未发生重大消防火灾事故，未发生重大森林火灾事故。灾情总体平稳，实现“四个大幅下降”，自然灾害受灾人口、因灾死亡失踪人数、倒塌房屋数量和直接经济损失，与前5年平均值相比，同比分别下降59.9%、87.5%、99.9%、88.6%。

一、2022年主要工作情况

（一）全力防范安全生产风险

建立领导干部靠前排查隐患制度，制定强化安全生产责任落实、坚决防范遏制重特大事故的105条工作举措，组织开展安全生产专项整治三年行动、安全生产隐患大起底大排查大整改“百日行动”、生产安全事故防范专项行动和安全生产“狠抓主体责任落实、狠抓规章制度执行、狠抓常态化监管”专项行动，开展重点行业领域专项整治和明察暗访，强化形势研判和问题隐患排查整治，加强监管执法、行刑衔接和检察监督协作。

（二）全力抓牢防汛抗旱工作（略）

（三）全过程加强自然灾害风险防范应对（略）

（四）大力推进应急管理信息化建设（略）

……

（来源：安徽省应急管理厅网站）

【例文 2】

上街区应急管理局 2022 年度安全生产监督检查工作总结

2022 年，上街区应急管理局安全生产监督检查工作在区委、区政府的正确领导下，在市应急局的帮助指导下，严格按照区政府批准的《郑州市上街区应急管理局 2022 年度安全生产监督检查计划》开展，以危险化学品生产经营企业、工贸行业企业为监察重点，加大执法监察力度，促进企业主体责任的落实，依法开展安全生产监督检查工作，现将 2022 年度安全生产监督检查工作情况总结如下：

一、执法工作开展情况

（一）计划执法检查的数据。按照年初区政府批复的《2022 年度安全生产监督检查计划》，全年共检查重点生产经营单位 18 家，通过“双随机、一公开”方式检查一般生产经营单位 37 家，2022 年度安全生产监督检查计划全部完成。

（二）其他执法检查情况。（略）

……

二、亮点工作

（一）统筹部署全年行政执法工作。科学制订《2022 年度安全生产监督检查计划》并区人民政府批准后认真部署落实，严格执法程序，做到每个环节、细节都依法依规，确保程序合法、处罚适当。统筹整合全局执法力量，大力实行“一线工作法”，深入开展专项执法行动，确保工作重心下移到基层、工作重点聚焦到企业、工作力量下沉到一线。

（二）开展“双随机、一公开”监管执法。（略）

……

三、存在的问题

（一）安全监管工作任务重，执法力量薄弱。（略）

（二）拓展提升监察执法能力建设的途径和方法还不多。（略）

四、下一步工作措施

（一）加强自身队伍建设。加强政治理论、法律法规、业务知识学习，认真分析和研究行政执法工作中出现的新情况、新问题，强化工作实践，拓展学习提高的方式和途径，提高全体执法人员的综合素质和综合能力，培养出一支有能力、有知识、有干劲的行政执法队伍。

（二）强化日常监督管理。（略）

……

（来源：郑州市上街区人民政府网站）

第四节　应急管理调查报告类文书写作

应急管理调查报告类文书是对应急管理领域某项工作、某个事件或某个问题，经过深入细致的调查后，将调查中收集到的材料加以系统整理，分析研究，以书面形式向组织和领导汇报调查情况的一种事务性文书。

一、应急管理调查报告类文书的特点

（一）针对性

调查报告的目的是直接服务于现实工作。这就需要针对现实中的具体工作或问题进行系统调查，并将结果形成书面报告，或总结经验、提供情况，或反映问题、查明真相，以引起有关方面的重视，成为决策时的参考依据。因此针对性是调查报告的关键，针对性越强其价值也就愈大。这一点也与申论的特点相契合。

（二）客观性

调查报告的内容必须真实，写作时要力求客观。事实是调查报告的基础，在调查报告中不能夸大，也不能缩小，更不能歪曲事实。作者必须客观地反映调查对象的真实情况，实事求是地分析评价，得出符合客观实际的结论。没有真实性，调查报告也就失去了应有的作用。

（三）叙述性

调查报告的重点在于表述调查所得的材料和结果，同时要从中得出结论和意见，这就决定了它要以叙述为主，同时辅以必要的议论。它的主要内容是叙述事实，说明情况，在此基础上进行必要的分析综合，而无需完整地论证过程。

（四）时效性

调查报告是服务于现实工作的，这就决定了它有较强的时效性。尽管不像新闻那样紧迫，但必须针对现实需要，回答迫切的、有现实意义的问题。即便是考查既往的事件，也应该着眼于今天的需要。

二、应急管理调查报告类文书的主要类型

（一）反映情况的调查报告

这类报告通常比较全面、比较系统地反映一个地区、一个系统或一个部门的基本情况，

它可能提供全面的情况，或者反映出某种动态、倾向，以引起有关部门的重视，成为决策的参考依据。

（二）总结典型经验的调查报告

这类调查报告通过对具有参考价值和借鉴作用的典型经验的分析，为贯彻执行党的路线、方针、政策提供具体的经验和方法。它通常对某项工作的具体做法和实际收效进行调查，分析概括出具有启发和参考意义的经验和办法，以指导和推动整体工作。

（三）介绍新生事物的调查报告

这类调查报告比较全面完整地反映新生事物的发展过程和成长规律，揭示它的现实意义和社会作用。它多在"新"字上下功夫，重在扶持和促进新生事物的成长壮大。

（四）揭示问题的调查报告

这类调查报告是根据工作需要，为了解决矛盾和问题而写的。它通过对社会生活和工作中存在的不良现象和问题的调查，指出其危害性，分析产生问题的根源，提出解决问题的建议和办法，引起重视，促进解决。

（五）查明真相的调查报告

这类报告多针对社会和群众反映强烈的问题和事件进行调查，以披露真相，还其本来面目，消除人们的疑惑。它一般只叙述说明事实，不作过多的议论。这类调查报告的对象有时还包括未曾显露真相的历史事实。

三、应急管理调查报告类文书的写作结构和方法

调查报告一般由标题和正文两部分组成。

（一）标题

标题可以有两种写法。一种是规范化的标题格式，即发文主题加文种，基本格式为"××关于××××的调查报告"或"关于××××的调查报告"，如《辽宁省阜新矿业(集团)有限责任公司孙家湾煤矿海州立井"2・14"特别重大瓦斯爆炸事故调查报告》。另一种是自由式标题，包括陈述式、提问式和正副题结合式。作为公文，最好用规范化的标题格式或自由式中正副题结合式标题。

（二）正文

正文一般分导语、主体和结尾三部分。

1. 导语。独立成段，概述调查研究的目的、时间、地点、对象范围、调查方式、结果及本文主题、调查结果等，具体有几种写法：第一种是写明调查的起因或目的、时间和地点、对象或范围、经过与方法，以及人员组成等调查本身的情况，从中引出中心问题或基本结论来；第二种是写明调查对象的历史背景、大致发展经过、现实状况、主要成绩、突出问题等基本情况，进而提出中心问题或主要观点来；第三种是开门见山，直接概括出调查的结果，如肯

定做法、指出问题、提示影响、说明中心内容等。导语起到画龙点睛的作用,要精练概括,直切主题。

2. 主体。这是调查报告最主要的部分,详述调查研究的基本情况、做法、经验,以及分析调查所得材料中形成的各种具体认识、观点和基本结论。常用模式有三种:一是纵式结构,按情况发生发展的时间顺序组织材料、安排内容。反映情况的调查报告常用这种形式。二是横式结构,调研中获悉的情况或得出的结论,以小标题或序号组织材料,安排内容。典型分析调查报告和探讨研究调查报告则多用这种形式。三是纵横结合式结构。

3. 结尾。结尾的写法也比较多:或提出解决问题的方法、对策或下一步改进工作的建议;或总结全文的主要观点,进一步深化主题;或提出问题,引发人们的进一步思考;或展望前景,发出鼓舞和号召。独立成段,概括全文中心思想,也可以提出结论或点出问题,还可以补充与调查有关的信息。结尾不是必备部分,有时可以省略。

四、应急管理调查报告类文书的写作注意事项

(一) 主题突出

写调查报告,切忌平铺直叙、面面俱到,更不能简单地罗列堆积材料,要围绕需要说明和表现的主题去列举事实或材料。同时,要注意所表现的内容有新意,把一些新情况、新动态、新见解反映出来,叙人所未知,讲人所未讲,以增强调查报告的吸引力。

(二) 内容真实

调查报告不是文学作品,它的主题、价值和魅力,是以内容的真实性为依据建立起来的。因此,调查报告所反映的内容、事实必须是客观事物的原貌,绝不可以想象、虚构,更不可以弄虚作假。

(三) 数据确切

调查报告的说服力在很大程度上取决于事实,而事实的真实又莫过于提供详实的数据。好的调查报告,几乎都运用一些具体数据来说明观点,精确的数据要比空洞的叙述更具有说服力。

(四) 符合党的方针政策

调查报告通常反映现实生活中的新事物、新情况,而这些新事物、新情况又往往是在党的方针政策引领下出现的。因此,要写好的调查报告,还要深入领会党的方针政策,增强对新事物、新情况的敏感性和辨别力。

【例文1】

丽水经济技术开发区"6·20"事故调查报告

2022年6月20日13时15分许,丽水开发区南明山街道丽沙村附近因强降雨导致土

体饱和，引发滑塌，压垮山脚浙江华毅建筑服务有限公司的四间活动板房，导致4人死亡。事故发生后，浙江省委省政府、丽水市委市政府领导作出批示，要求组织力量全力救援。

丽水市人民政府于2022年6月21日成立“6·20”滑塌事故调查组，调查组由市应急管理局（组长单位）、市自然资源和规划局（副组长单位）、市公安局、市总工会、市建设局、丽水开发区相关人员和地质专家组成，并邀请市人民检察院派员参加。6月30日，省安委办下发挂牌督办通知书，要求丽水市认真落实省委省政府领导批示精神，深刻吸取事故教训，举一反三抓好问题隐患排查整治。

调查组坚持科学严谨、依法依规、实事求是、全面客观的原则，深入开展调查工作。依照突发事件应对法、安全生产法、防汛条例等法律法规，通过现场勘查、调查询问、调阅资料，委托浙江省浙南综合工程勘察测绘院有限公司出具《丽水经济技术开发区“6·20”滑塌地质调查报告》，并组织专家论证，复盘灾害发生及应对过程。查明属地部门、相关单位防汛和安全生产工作履职情况，滑塌事故发生经过及应急救援情况、分析事故原因、认定事故性质，提出整改措施和建议。

一、基本情况

（一）滑塌概况

（二）强降雨情况（略）

……

二、防汛工作开展情况（略）

三、事故发生经过及应急救援情况

（一）事故发生经过

2022年6月20日13时15分许，南明山街道丽沙村章巷弄发生土体滑塌，华毅公司租赁的4间活动板房被损毁，其中2间被掩埋，4人被困。

（二）应急救援情况

灾害发生后，13时53分，消防救援部门、中心医院相关人员到达现场开展救援。13时58分，开发区管委会、开发区安监局、南明山街道等单位负责人到达现场。省市主要领导第一时间作出指示，要求组织力量全力救援。市领导率领市应急管理局、市消防救援支队、市公安局、市自然资源和规划局、机场指挥部等相关单位在现场实施指挥救援。浙江省第七地质大队技术人员，携带监测、地质调查等设备协助应急救援工作。截至20日16时10分，经全力救援，被困4人全部救出并送往医院抢救，经医院抢救无效死亡。

（三）人员伤亡及直接经济损失

滑塌共造成4人死亡（1.黎某某，男，43岁；2.胡某某，男，47岁；3.黄某某，男，58岁；4.向某某，男，51岁），均系华毅公司派往甘肃机械化公司施工的劳务人员。遇难者家属已同意并签订补偿协议，直接经济损失560万元。

四、事故原因分析及认定

（一）事故原因分析

1. 主要原因

气象原因。根据气象部门提供的记录显示，2022 年 5 月 26 日至 6 月 20 日期间，全市共有三轮持续集中强降雨，最高日雨量超过 200 mm，达到大暴雨等级。全市发生地质灾害灾险情共 138 起，其中发生在风险防范区内的灾险情仅占全市的 10.86%。6 月 20 日 0 时至 13 时，以滑塌点为中心 30 km^2 内的 4 个观测点过程雨量分别为：九龙站 87.1 mm；南山站 71.3 mm；丽水站 88.6 mm；里河村站 98.7 mm。强降雨导致雨水渗入松散土体中，造成土体饱和、重度增大、力学强度降低，是导致滑塌的主要原因。

2. 次要原因（略）

3. 间接原因（略）

（二）事故性质认定

经调查认定，该起事故是一起因强降雨和工程扰动引发的气象次生、衍生灾害事故。

五、责任认定及处理建议（略）

六、整改措施和建议

各地各部门要深刻吸取事故惨痛教训，牢固树立安全发展、人民至上、生命至上理念，统筹好安全与发展，把防范化解各类风险摆在重要位置，强化底线思维，切实提高防灾减灾救灾和防范化解风险挑战的能力和水平，有效应对各类风险灾害挑战。要建立风险等级防控工作机制，加强全链条监管，及时发现安全风险和隐患，不断完善风险跟踪、监测预警、信息报送、应急处置工作机制。坚决纠正和克服“天灾不可抗，伤亡免不了”的消极思想、“不是地质灾害点就不需要人员转移”的麻痹思想、“干部只要到岗就是尽责”的免责思想、“台风一走、风险也走”的松懈思想，防止“想不到”的问题引发的各类风险，切实维护人民群众生命和财产安全。

（一）丽水经济技术开发区管委会（略）

（二）南明山街道办事处（略）

……

（来源：丽水市应急管理局网站）

【例文 2】

关于对市应急管理局工作评议的调查报告

乐清市人大常委会应急管理局工作评议调查组

（2020 年 12 月 22 日）

根据市人大常委会部门评议工作安排，市应急管理局工作评议调查组由市人大常委会副主任余协献带队，对市应急管理局 2019 年成立以来的工作情况进行了深入的调查。现将有关情况报告如下：

一、基本情况

11月下旬，调查小组制定了评议调查方案和计划，听取市应急管理局的自查报告，与中层以上干部逐个谈话，邀请部分应急联动单位、乡镇街、管理对象等召开座谈会，广泛听取各有关方面对市应急管理局工作的意见和建议。同时开展走访调研，发放有效问卷调查43份，了解市应急管理局的工作情况。从市法院、市检察院、市信访局、市人大常委会代表与选举任免工委、市人大办信访办等反馈的信息来看，今年市应急管理局主办代表、委员提议案2件，协办2件，都已较好办理落实；收到咨询类信访件2件，投诉1件，没有涉及行政诉讼事项。

二、主要成绩

市应急管理局于2019年1月17日挂牌成立。自成立以来，市应急管理局立足职责定位、围绕市委市政府中心工作，强化综合监管责任，积极推进部门人员融合，有序组织开展各项工作，19年考核位居温州各县市区第二，并获得了“全省应急管理系统先进集体”荣誉称号。主要工作成绩如下：

（一）切实筑牢应急防控体系。推出应急防控能力提升年活动，完善基层应急管理体制机制，启动乐清市“智慧应急一张图”综合指挥与协同管理云平台（一期）建设，开展应急实战演练，突发应急事件处置能力显著提升。成功打赢“黑格比”台风防御战，获省委原书记车俊点赞、时任省长袁家军批示肯定，此次防台工作，首次将110指挥中心、12345市长热线的求助电话接到市防指，实现高效下达指令解救险情，累计救助被困人员脱险366人。

（二）切实推进安全生产工作。（略）

（三）切实加强救灾能力建设。（略）

三、存在问题

（一）应急体系建设有待进一步完善。根据《乐清市应急管理局职能配置、内设机构和人员编制规定》，新整合成立的市应急管理局的工作职责要加强、优化，统筹全市应急能力建设，构建统一领导、权责一致、权威高效的应急能力体系，推动形成专常兼备、反应灵敏、上下联动、平战结合的应急管理体制。但从履职情况看，市应急管理局还没有很好发挥职能优势，树牢在全市应急管理工作中的权威专业地位：一方面是内部科室、人员职责分工还停留在机构改革初期，科室之间的工作协同、职能融合不够。另一方面对消防救援等多项分散在其他部门的应急管理职能，没有很好畅通部门之间的应急信息报送渠道，未能建立高效的联动应急反应机制，与大应急体系建设理念仍存在一定差距。

（二）基层应急组织建设有待进一步加强。（略）

（三）应急防灾能力有待进一步提高。（略）

（四）应急宣传工作有待进一步拓宽。（略）

四、意见建议

（一）完善应急体系建设，形成部门应急合力。市应急管理局要适应机构改革要求，主动发挥应急管理局牵头抓总的作用，构建统一领导、权责匹配、权威高效的指挥机构，负责我市应急工作的重大决策、总体部署制定落实等工作，使全市应急机制规范化、常态化运行，理顺协调机制，明晰部门职责分工，形成应急合力，确保上下联动，衔接畅通。

（二）提升防灾减灾能力，做好应急物资管理。（略）

（三）强化应急队伍建设，提升应急救援水平。（略）

（四）加大应急宣传力度，营造全民参与氛围。（略）

（来源：乐清人大网站）

思考题

1. 应急管理事务文书有哪些特点？
2. 应急管理计划类文书有哪些主要类型？
3. 应急管理计划类文书主体部分的“三要素”是什么？
4. 应急管理总结类文书的写作有哪些注意事项？
5. 应急管理调查报告类文书应如何写作？

第四章　应急管理行政执法文书写作

学习目标和要求

学习、掌握应急管理行政执法文书的概念、特点、分类、制作要求及样式。

第一节　应急管理行政执法文书概述

一、应急管理行政执法文书的概念

应急管理行政执法文书是指各级应急管理部门监督和保障应急管理行政执法人员按照《应急管理行政执法人员依法履职管理规定》执法时所用到的具有法律效力或法律意义的文书。

二、应急管理行政执法文书的特点

（一）制作主体的特定性

行政处罚决定书等与行政执法有关的法律文书，只能由行政机关或者由行政机关依法委托的组织制作，并且行政机关或受委托的组织只能在自己的职权范围或被委托的范围内制作相应的文书。

（二）内容的法律性

行政执法文书是行政机关和行政管理对象为保证法律法规和规章的正确实施而制作和使用的文书。

（三）制作形式的规范性

行政执法文书应当载明的事项主要有当事人姓名、地址，违反法律、法规或者规章的事实和依据，行政处罚的种类和依据等。必须盖有相应行政机关印章。

第二节　应急管理行政执法文书的主要种类

一、行政执法笔录性文书

这类文书主要是行政执法人员实施现场检查、调查取证、核实情况或者行政复议时所使用的书面笔录，如现场检查记录、询问笔录、勘验笔录、当事人陈述申辩笔录、听证会笔录、行政处罚集体讨论记录等。

二、行政决定性文书

这类文书包括采取行政强制措施的命令、决定、意见，一般多在现场检查时使用。如责令改正指令书、强制措施决定书、整改复查意见书等；还包括作出行政处罚决定的文书，只限于实施行政处罚时使用，如行政（当场）处罚决定书（单位或个人）、行政处罚决定书（单位或个人）等。

三、行政执法告知性文书

这类文书是指传递行政执法的告知、回执等信息的文书。包括先行登记保存证据通知书、行政处罚告知书、文书送达回执、听证告知书、听证会通知书、罚款缴款通知书等。

四、行政执法公函性文书

这类文书是指传递行政执法的移送、申请等信息的文书。如案件移送书、强制执行申请书等。

五、行政执法档案性文书

这类文书是指行政执法归档的文书。包括立案审批表、抽样取证凭证、鉴定意见书、证据登记保存清单、案件调查报告、听证会报告书、结案审批表、案卷首页、档案卷内目录等。

第三节　应急管理行政执法文书的制作要求

一、制作原则

一要合法：主体合法、客体合法、程序合法；二要准确：对象准确、事实准确、适用法律准确、选用文书准确；三要实用：形式实用、范围实用。

二、制作要求

1. 格式统一。我国除煤矿安全监察和海洋石油天然气安全监管（另有执法文书式样）

以外的各类安全生产行政执法活动必须使用国家安全生产监督管理总局(现应急管理部)(安监总政法C20063274号)印发的安全生产执法文书(式样)。

2. 程序合法。必须按规定的程序制作文书,有的文书还应当履行法定的审批程序,严格遵循法定的时限要求。如果程序违法也会导致行政处罚和行政复议无效。

3. 类别正确。每一种文书都有特定的适用范围、送达对象、明确的内容和使用要求,在使用过程中,要正确选择执法文书类别;处罚的种类、幅度必须与违法行为的事实、性质、情节以及危害程度相当,使事实、理由、结论相一致。

4. 引用准确。法律、法规、规章的引用要准确。填写执法文书时,引用的法律、法规、规章一定要准确、具体。有"款"的,要写明第几条几款,有"项"的,应当写明第几条几款几项;有的法律法规和规章中有"目"的,写清楚第几条几款几项几目。

5. 填写齐全。对规定式样的文书必须按要求填写齐备,把要求写明的内容、事项调查清楚,核实准确,一丝不苟地填写齐全、书写清楚,单位与签名必须是全称,续页的签名必须完整。

6. 编号规范。一个执法单位的执法文号应统一编号。笔录正页不够用时,可使用笔录续页,但应按顺序编页码,不得散失。

7. 叙述清楚。文书叙述要做到事实清楚、因果明确、详略得当、重点突出,禁止在叙述事实时任意推断臆测,不夸大也不缩小事实,保证事实的真实性和事实要素的完整性。特别是关键情节要交代清楚,记述具体,不能带有行政执法人员个人主观色彩。语言必须准确精练,不得模棱两可,含糊其词;不宜使用文学语言;一般不使用方言,应使用普通话的规范语言。

第四节　应急管理行政执法文书的样式

据统计,目前应急管理行政执法文书的样式有48种,包括立案审批表、现场检查方案、现场检查记录、现场处理措施决定书、责令限期整改指令书、整改复查意见书、行政强制审批表、查封扣押决定书、查封扣押(场所、设施、财物)清单、延长查封扣押期限决定书、查封扣押处理决定书、停止供电(供应民用爆炸物品)通知书、停止供电(供应民用爆炸物品)决定书、恢复供电(供应民用爆炸物品)通知书、询问通知书、询问笔录、勘验笔录、抽样取证凭证、先行登记保存证据审批表、先行登记保存证据通知书、先行登记保存证据处理审批表、先行登记保存证据处理决定书、鉴定委托书、行政处罚告知书、当事人陈述申辩笔录、行政处罚听证告知书、行政处罚听证会通知书、听证笔录、听证会报告书、案件处理呈批表、行政处罚集体讨论记录、行政(当场)处罚决定书(单位)、行政(当场)处罚决定书(个人)、行政处罚决定书(单位)、行政处罚决定书(个人)、缴纳罚款催告书、加处罚款决定书、延期(分期)缴纳罚款审批表、延期(分期)缴纳罚款批准书、文书送达回执、行政强制执行事先催告书、强制执行申请书、案件移送审批表、案件移送书、案件延期审批表、结案审批表、案卷(首页)、卷内目录等。具体示例如下:

示例1 立案审批表

立案审批表

(　　)应急立〔　　〕号

案由____

案件来源______________________________ 时间______________

案件名称____

当事人________________________________ 电话______________

法定代表人/负责人__________________________________

当事人地址____________________________ 邮政编码____________

<table>
<tr><td colspan="2">案件基本情况：

</td></tr>
<tr><td colspan="2">承办人意见：
承办人(签名)：__________ 证号：______________
__________ 证号：______________

年　　月　　日</td></tr>
<tr><td>审核意见：

审核人(签名)：
年　　月　　日</td><td>审批意见：

审批人(签名)：
年　　月　　日</td></tr>
</table>

示例 2　现场检查方案

现场检查方案

（　　）应急检查〔　　〕号

<table>
<tr><td>被检查单位</td><td colspan="3"></td></tr>
<tr><td>地址</td><td colspan="3"></td></tr>
<tr><td>联系人</td><td></td><td>所属行业</td><td></td></tr>
<tr><td>检查时间</td><td colspan="3"></td></tr>
<tr><td>行政执法人员</td><td colspan="3"></td></tr>
<tr><td>检查内容</td><td colspan="3"></td></tr>
<tr><td>检查方式</td><td colspan="3"></td></tr>
<tr><td>审核意见</td><td>审核人（签名）：
年　　月　　日</td><td>审批意见</td><td>审批人（签名）：
年　　月　　日</td></tr>
<tr><td>备　注</td><td colspan="3"></td></tr>
</table>

示例 3　现场检查记录

现场检查记录

（　　）应急检记〔　　〕号

被检查单位＿＿＿＿＿＿＿＿＿＿＿＿＿＿＿＿＿＿＿＿＿＿＿＿＿＿＿＿＿＿＿＿

地址＿＿＿＿＿＿＿＿＿＿＿＿＿＿＿＿＿＿＿＿＿＿＿＿＿＿＿＿＿＿＿＿＿＿＿

法定代表人（负责人）＿＿＿＿＿＿＿＿职务＿＿＿＿＿＿＿＿联系电话＿＿＿＿＿＿＿

检查场所＿＿＿＿＿＿＿＿＿＿＿＿＿＿＿＿＿＿＿＿＿＿＿＿＿＿＿＿＿＿＿＿＿

检查时间＿＿＿＿＿年＿＿月＿＿日＿＿时＿＿分至＿＿月＿＿日＿＿时＿＿分

我们是＿＿＿＿＿＿＿应急管理局行政执法人员＿＿＿＿＿、＿＿＿＿＿，证件号码为＿＿＿＿＿＿＿＿＿＿＿＿、＿＿＿＿＿＿＿＿＿＿＿＿，这是我们的证件（出示证件）。现依法对你单位进行现场检查，请予以配合。

检查情况：＿＿＿＿＿＿＿＿＿＿＿＿＿＿＿＿＿＿＿＿＿＿＿＿＿＿＿＿＿＿＿

＿＿＿＿＿＿＿＿＿＿＿＿＿＿＿＿＿＿＿＿＿＿＿＿＿＿＿＿＿＿＿＿＿＿＿＿＿＿

＿＿＿＿＿＿＿＿＿＿＿＿＿＿＿＿＿＿＿＿＿＿＿＿＿＿＿＿＿＿＿＿＿＿＿＿＿＿

＿＿＿＿＿＿＿＿＿＿＿＿＿＿＿＿＿＿＿＿＿＿＿＿＿＿＿＿＿＿＿＿＿＿＿＿＿＿

＿＿＿＿＿＿＿＿＿＿＿＿＿＿＿＿＿＿＿＿＿＿＿＿＿＿＿＿＿＿＿＿＿＿＿＿＿＿

＿＿＿＿＿＿＿＿＿＿＿＿＿＿＿＿＿＿＿＿＿＿＿＿＿＿＿＿＿＿＿＿＿＿＿＿＿＿

检查人员（签名）：＿＿＿＿＿＿　＿＿＿＿＿＿

被检查单位现场负责人（签名）：＿＿＿＿＿＿

年　　月　　日

共　页　第　页

示例 4　现场处理措施决定书

现场处理措施决定书

（　　）应急现决〔　　〕号

______________：

本机关于__________年____月____日现场检查时，发现你单位有下列违法违规行为和事故隐患：

1. ____；

2. ____；

3. ____。（此栏不够，可另附页）

以上存在的问题无法保证安全生产，依据____的规定，现作出如下现场处理决定：

1. ____；

2. ____；

3. ____。（此栏不够，可另附页）

如果不服本决定，可以依法在60日内向______________________________人民政府或者____________________申请行政复议，或者在6个月内依法向____________________人民法院提起行政诉讼，但本决定不停止执行，法律另有规定的除外。

安全生产监管行政执法人员（签名）：____________证号：____________________

____________证号：____________________

被检查单位负责人（签名）：____________

应急管理部门（印章）

年　　月　　日

本文书一式两份：一份由应急管理部门备案，一份交被检查单位。

共　页　第　页

示例5 责令限期整改指令书

责令限期整改指令书

(　　)应急责改〔　　〕号

____________________:

经查,你单位存在下列问题:

1. ____;

2. ____;

3. ____

______________________________(此栏不够,可另附页)。

现责令你单位对上述第________项问题于____年____月____日前整改完毕,达到有关法律法规规章和标准规定的要求。由此造成事故的,依法追究有关人员的责任。

整改期间,你单位应当采取措施,确保安全生产。对安全生产违法行为,将依法予以行政处罚。

如果不服本指令,可以依法在60日内向________________人民政府或者________________申请行政复议,或者在6个月内依法向________________人民法院提起行政诉讼,但本指令不停止执行,法律另有规定的除外。

安全生产监管行政执法人员(签名):__________证号:________________

__________证号:________________

被检查单位负责人(签名):__________

应急管理部门(印章)

年　　月　　日

本文书一式两份:一份由应急管理部门备案,一份交被检查单位。

共　页　第　页

示例 6　整改复查意见书

整改复查意见书

(　　)应急复查〔　　〕　号

______________：

本机关于____年____月____日作出了______________________________的决定[(　)应急　　〔　〕　号]，经对你单位整改情况进行复查，提出如下意见：

____

____

____

____

____。

被复查单位负责人(签名)：____________

安全生产监管行政执法人员(签名)：____________证号：____________

____________证号：____________

应急管理部门(印章)

年　　月　　日

本文书一式两份：一份由应急管理部门备案，一份交被复查单位。

示例7　行政强制审批表

行政强制审批表

(　　)应急强审〔　　〕号

<table>
<tr><td>案件名称</td><td colspan="5"></td></tr>
<tr><td rowspan="5">当事人</td><td rowspan="3">公民</td><td>姓名</td><td></td><td>性别</td><td></td></tr>
<tr><td>出生年月</td><td></td><td>联系电话</td><td></td></tr>
<tr><td>住址</td><td colspan="3"></td></tr>
<tr><td rowspan="2">法人或者其他组织</td><td>名称</td><td></td><td>法定代表人或者负责人</td><td></td></tr>
<tr><td>地址</td><td></td><td>联系电话</td><td></td></tr>
<tr><td>案件基本情况</td><td colspan="5"></td></tr>
<tr><td>报请审批的行政强制事项及其理由、依据、种类及期限等</td><td colspan="5">承办人(签名)：__________证号：__________
__________证号：__________
年　月　日</td></tr>
<tr><td>审核意见</td><td colspan="5">审核人(签名)：　　　　年　月　日</td></tr>
<tr><td>审批意见</td><td colspan="5">审批人(签名)：　　　　年　月　日</td></tr>
</table>

示例 8 查封扣押决定书

查封扣押决定书

(   )应急查扣〔   〕 号

______________:

本机关在现场检查时,发现你(单位)(现场)存在下列问题:______________________

____

____

以上存在的问题无法保障安全生产,依据______________________,决定采取以下行政强制措施:____

____

____

实施以上行政强制措施的期限自____年____月____日至____年____月____日。查封扣押清单见附件。

如果不服本决定,可以依法在60日内向______________________人民政府______________________或者______________________申请行政复议,或者在6个月内依法向______________________人民法院提起行政诉讼,但本决定不停止执行,法律另有规定的除外。

附件:查封扣押(场所、设施、财物)清单 第____号

应急管理部门(印章)

年 月 日

本文书一式两份:一份由应急管理部门备案,一份交当事人。

示例9 查封扣押(场所、设施、财物)清单

查封扣押(场所、设施、财物)清单

第____号

编号	名称	规格(型号)或者地址	单位	数量或者面积	备注

(此页不够,可另附页)

当事人(签名或者盖章):____________________ 年 月 日

安全生产监管行政执法人员(签名):__________证号:__________ 年 月 日

__________证号:__________ 年 月 日

本文书一式两份:一份由应急管理部门备案,一份交当事人。

示例 10　延长查封扣押期限决定书

延长查封扣押期限决定书

（　　）应急查扣延期〔　　〕号

________________：

本机关于____年____月____日根据查封扣押决定书[（　　）应急查扣〔　　〕　号]对你（单位）的________________作出了________________的行政强制措施。因________________________，依据《中华人民共和国行政强制法》第二十五条的规定，决定将以上行政强制措施的期限延长至____年____月____日。

附件：查封扣押（场所、设施、财物）清单　第____号

如果不服本决定，可以依法在60日内向________________________人民政府或者____________________申请行政复议，或者在6个月内依法向____________________人民法院提起行政诉讼，但本决定不停止执行，法律另有规定的除外。

应急管理部门（印章）

年　　月　　日

本文书一式两份：一份由应急管理部门备案，一份交当事人。

示例 11　查封扣押处理决定书

查封扣押处理决定书

（　　）应急查扣处〔　　〕　号

______________：

本机关于____年____月____日根据查封扣押决定书[（　　）应急查扣〔　　〕　　号]，对你（单位）的______________作出了______________的行政强制措施。依据______________________的规定，现作出以下处理决定：______________________。

如果不服本决定，可以依法在60日内向____________人民政府或者____________申请行政复议，或者在6个月内依法向____________人民法院提起行政诉讼，但本决定不停止执行，法律另有规定的除外。

应急管理部门（印章）

年　　月　　日

本文书一式两份：一份由应急管理部门备案，一份交当事人。

示例 12 停止供电(供应民用爆炸物品)通知书

停止供电(供应民用爆炸物品)通知书

(　　)应急停供通〔　　〕号

______________________:

因______________________存在重大生产安全事故隐患,本机关于____年____月____日依法对该单位作出了______________________的决定,该单位未执行以上决定,没有及时消除事故隐患,存在发生生产安全事故现实危险。为保障安全生产,依据《中华人民共和国安全生产法》第六十七条第一款的规定,本机关决定对该单位采取______________________措施,强制其履行决定。请你单位于____年____月____日____时____分对该单位______________________,请给予配合。

该单位依法履行行政决定、采取相应措施消除事故隐患的,本机关将及时通知你单位解除有关措施。

应急管理部门(印章)

年　　月　　日

本文书一式两份:一份由应急管理部门备案,一份交相关单位。

示例 13　停止供电(供应民用爆炸物品)决定书

停止供电(供应民用爆炸物品)决定书

(　　)应急停供决〔　　〕号

____________________:

因你单位存在重大生产安全事故隐患,本机关于____年____月____日依法对你单位作出了________________________的决定,你单位未执行以上决定,没有及时消除事故隐患,存在发生生产安全事故现实危险。为保障安全生产,依据《中华人民共和国安全生产法》第六十七条第一款的规定,本机关决定自____年____月____日____时____分起,对你单位采取________________________措施,强制你单位履行决定。

你单位依法履行行政决定、采取相应措施消除事故隐患的,本机关将及时通知有关单位解除上述有关措施。

如果不服本决定,可以依法在60日内向____________________人民政府或者____________________申请行政复议,或者在6个月内依法向________________________人民法院提起行政诉讼,但本决定不停止执行,法律另有规定的除外。

应急管理部门(印章)

年　　月　　日

本文书一式两份:一份由应急管理部门备案,一份交相关单位。

示例 14　恢复供电(供应民用爆炸物品)通知书

恢复供电(供应民用爆炸物品)通知书

(　　)应急恢复通〔　　〕　号

______________：

本机关于____年____月____日依法对______________作出了停止______________的措施，该单位已于____年____月____日依法履行了相关行政决定、采取相应措施消除事故隐患，依据《中华人民共和国安全生产法》第六十七条第二款的规定，本机关决定对该单位解除______________措施。请你单位于____年____月____日____时____分对该单位给予恢复______________，请给予配合。

应急管理部门(印章)

年　　月　　日

本文书一式两份：一份由应急管理部门备案，一份交相关单位。

示例 15　询问通知书

询问通知书

(　　)应急询〔　　〕　号

____________________：

因 ________________________，请你（单位）于 ____ 年 ____ 月 ____ 日 ____ 时到 ________________________ 接受询问调查，来时请携带下列证件材料（见打√处）：

□身份证

□营业执照

□法定代表人身份证明或者委托书

□____

____

____

____

如无法按时前来，请及时联系。

应急管理部门地址：____

联系人：________________ 联系电话：________________________

应急管理部门（印章）

年　　月　　日

本文书一式两份：一份由应急管理部门备案，一份交被询问人。

示例 16　询问笔录

询问笔录

询问时间____年____月____日____时____分至____月____日____时____分　第____次询问

询问地点____

被询问人姓名____________________性别____年龄____身份证号____________________

工作单位____________________职务____________________

住址____________________电话____________________

询问人____________________单位及职务____________________

记录人____________________单位及职务____________________

在场人____

我们是____________________应急管理局的行政执法人员____________________、____________________，证件号码为____________________、____________________，这是我们的证件（出示证件）。我们依法就____的有关问题向您了解情况，您有如实回答问题的义务，也有陈述、申辩和申请回避的权利。您听清楚了吗？

询问记录：____

____

____

____

____

询问人（签名）：　　　　　　　　记录人（签名）：

被询问人（签名）：

年　　月　　日

共　页　第　页

示例 17　勘验笔录

安全生产行政执法文书

勘验笔录

（　　）应急勘〔　　〕　号

勘验时间____年____月____日____时____分至____月____日____时____分

勘验场所______________________________天气情况________________________

勘验人________________________单位及职务______________________________

勘验人________________________单位及职务______________________________

当事人________________________单位及职务______________________________

当事人________________________单位及职务______________________________

被邀请人______________________单位及职务______________________________

记录人________________________单位及职务______________________________

我们是____________________应急管理局的行政执法人员____________________、____________________，证件号码为____________________、____________________，这是我们的证件（出示证件）。现依法进行勘验检查，请予以配合。

勘验情况：____

____

____

____

勘验人（签名）：____________________　　勘验人（签名）：____________________

当事人（签名）：____________________　　联系方式：____________________

当事人（签名）：____________________　　联系方式：____________________

被邀请人（签名）：__________________　　记录人（签名）：____________________

本页填写不下的内容或者需绘制勘验图的，可另附页。　　　　共　页　第　页

示例18　抽样取证凭证

抽样取证凭证

（　　）应急抽〔　　〕　号

被抽样取证人（单位）________________　现场负责人________________

地址________________联系电话____________邮编____________

抽样取证时间____年____月____日____时____分至____月____日____时____分

抽样地点________________________________

依据《中华人民共和国行政处罚法》第三十七条第二款的规定，对你（单位）的下列物品进行抽样取证。

序号	证据物品名称	规格及批号	数量

现场负责人（签名）：____________

安全生产监管行政执法人员（签名）：____________证号：____________

____________证号：____________

应急管理部门（印章）

年　　月　　日

本文书一式两份：一份由应急管理部门备案，一份交被取证人（单位）。

示例 19　先行登记保存证据审批表

先行登记保存证据审批表

(　　)应急先保审〔　　〕号

案件名称：________________

当事人 及基本情况	
案件基本情况	
证据名称及数量	
提请理由及依据	
保存方式	
承办人意见： 承办人(签名)：　　　　年　　月　　日	
承办机构意见： 承办机构负责人(签名)：　　　　年　　月　　日	
审核意见： 审核人(签名)：　　　　年　　月　　日	
审批意见： 审批人(签名)：　　　　年　　月　　日	

示例 20　先行登记保存证据通知书

先行登记保存证据通知书

（　　）应急先保通〔　　〕号

______________________：

你（单位）涉嫌________________________行为。为确保调查取证工作，依据《中华人民共和国行政处罚法》第三十七条第二款的规定，本机关决定对你（单位）的有关证据（证据名称、数量等详见附后清单）采取先行登记保存措施。

注意事项：

1. 对先行登记保存的证据，本机关将在七日内依法作出处理决定。请你（单位）于____年____月____日到____接受对先行登记保存证据的处理决定。

2. 对就地先行登记保存的证据，在本机关作出处理决定前，你（单位）负有妥善保管的义务，不得有短缺、灭失、损毁或者擅自移动等改变证据物品的任何行为。

3. 请核对证据清单后，签字确认。

应急管理部门（印章）

年　　月　　日

被通知人或者被通知单位负责人（签名）：________________

本文书一式两份：一份由应急管理部门备案，一份交被取证人（单位）。

先行登记保存证据清单

序号	证据名称	规格型号	产地	成色（品级）	单位	价格	数量	备注

上述物品经核无误。

被通知人或者被通知单位负责人(签名)：____________________

承办人(签名)：____________________

承办人(签名)：____________________

年　　月　　日

示例 21　先行登记保存证据处理审批表

先行登记保存证据处理审批表

（　　）应急先保处审〔　　〕　号

案件名称：

当事人 及基本情况	
案件基本情况	
证据名称及数量	
提请理由及依据	
承办人意见： 承办人(签名)：　　　　年　　月　　日	
承办机构意见： 承办机构负责人(签名)：　　　　年　　月　　日	
审核意见： 审核人(签名)：　　　　年　　月　　日	
审批意见： 审批人(签名)：　　　　年　　月　　日	

示例 22　先行登记保存证据处理决定书

先行登记保存证据处理决定书

（　　）应急先保处〔　　〕　号

______________：

本机关于____年____月____日对你（单位）的____等物品进行了先行登记保存[文号：（　　）应急先保通〔　　〕　号]。现依法对上述物品作出如下处理决定：____

如果不服本决定，可以依法在60日内向______________人民政府或者______________申请行政复议，或者在6个月内依法向______________人民法院提起行政诉讼，但本决定不停止执行，法律另有规定的除外。

应急管理部门（印章）

年　　月　　日

本文书一式两份：一份由应急管理部门备案，一份交被取证人（单位）。

示例 23　鉴定委托书

鉴定委托书

（　　）应急鉴〔　　〕　号

________________：

因调查有关安全生产违法案件的需要，本行政机关现委托你单位对下列物品进行鉴定。

物品名称	规格型号	数量	备注

鉴定要求：

____

____

____

请于____年____月____日前向本行政机关提交鉴定结果。

联系人：________________联系电话：________________

应急管理部门（印章）

年　　月　　日

注：鉴定结果请提出具体鉴定报告书，并由鉴定人员签名或者盖章，加盖鉴定机构印章。

示例 24 行政处罚告知书

行政处罚告知书

(　　)应急罚告〔　　〕 号

________________：

现查明，你(单位)存在下列行为：____

____

____

以上事实主要证据如下：____

____

以上行为违反了____的规定，依据

____的规定，拟对你(单位)作

出____________________________________的行政处罚。

如对上述处罚有异议，根据《中华人民共和国行政处罚法》第三十一条和第三十二条的规定，你(单位)有权在收到本告知书之日起3日内向__________________应急管理部门进行陈述和申辩，逾期不提出申请的，视为放弃上述权利。

应急管理部门地址：______________________________

联系人：______________联系电话：______________邮政编码：______________

应急管理部门(印章)

年　　月　　日

本文书一式两份：一份由应急管理部门备案，一份交拟处罚当事人。

示例 25　当事人陈述申辩笔录

当事人陈述申辩笔录

时间____年____月____日____时____分至____月____日____时____分

地点____

陈述申辩人____________________性别____________职务____________________

工作单位______________________________________电话____________________

联系地址______________________________________邮编____________________

承办人____记录人__________________

我们是____________________应急管理局的行政执法人员____________________、

____________________，证件号码为____________________、____________________，这是我们的证件（出示证件）。现对____

____________________________________一案听取你（单位）的陈述申辩。

陈述申辩记录：____

____

____

陈述申辩人（签名）：________________

承办人（签名）：________________　________________

记录人（签名）：________________

年　　月　　日

共　页　第　页

示例 26　行政处罚听证告知书

行政处罚听证告知书

(　　)应急听告〔　　〕号

____________________：

现查明，你(单位)存在下列行为：____

____

____

以上事实主要证据如下：____

____

以上行为违反了____

____

的规定，依据________________的规定，拟对你(单位)作出________________________的行政处罚。

根据《中华人民共和国行政处罚法》第四十二条的规定，你(单位)有要求举行听证的权利。如你(单位)要求举行听证，请在接到本告知书之日起3日内向________________应急管理部门提出书面听证申请。逾期不提出申请的，视为放弃听证权利。

特此告知。

应急管理部门地址：____

联系人：________________联系电话：________________邮政编码：________________

应急管理部门(印章)

年　　月　　日

本文书一式两份：一份由应急管理部门备案，一份交拟处罚当事人。

示例 27　行政处罚听证会通知书

行政处罚听证会通知书

（　　）应急听通〔　　〕　号

____________________：

根据你（单位）申请，关于____________________一案，现定于____年____月____日____时____分在____________（公开、不公开）举行听证会议，请准时出席。

听证主持人姓名____________职务____________________

听证员姓名____________职务____________________

听证员姓名____________职务____________________

书记员姓名____________职务____________________

根据《中华人民共和国行政处罚法》第四十二条的规定，你（单位）可以申请听证主持人回避。

注意事项：

1. 请事先准备相关证据，通知证人和委托代理人准时参加。

2. 委托代理人参加听证的，应当在听证会前向本机关提交授权委托书等有关证明。

3. 申请延期举行的，应当在举行听证会前向本机关提出，由本机关决定是否延期。

4. 不按时参加听证会且未事先说明理由的，视为放弃听证权利。

特此通知。

应急管理部门（印章）

年　　月　　日

应急管理部门地址：

邮政编码：

联系人：

联系电话：

本文书一式两份：一份由应急管理部门备案，一份交申请听证人。

示例 28　听证笔录

听证笔录

案件名称＿＿＿＿＿＿＿＿＿＿＿＿＿＿＿＿＿＿＿＿＿＿＿＿

主持听证机关＿＿＿＿＿＿＿＿＿＿地点＿＿＿＿＿＿＿＿＿＿＿＿＿＿

听证时间＿＿年＿＿月＿＿日＿＿时＿＿分至＿＿年＿＿月＿＿日＿＿时＿＿分

主持人＿＿＿＿＿＿＿＿听证员＿＿＿＿＿＿＿＿书记员＿＿＿＿＿＿＿＿

调查人员＿＿＿＿＿证号＿＿＿＿＿＿调查人员＿＿＿＿＿证号＿＿＿＿＿＿

申请听证人(个人)姓名＿＿＿＿＿性别＿＿＿年龄＿＿＿工作单位(职务)＿＿＿＿＿

申请听证人(单位)名称＿＿＿＿＿＿＿＿＿＿＿＿＿＿＿＿＿＿＿＿

法定代表人/负责人＿＿＿＿性别＿＿＿＿年龄＿＿＿＿职务＿＿＿＿

委托代理人＿＿＿＿性别＿＿＿＿年龄＿＿＿＿工作单位(职务)＿＿＿＿＿＿

委托代理人＿＿＿＿性别＿＿＿＿年龄＿＿＿＿工作单位(职务)＿＿＿＿＿＿

第三人＿＿＿＿＿＿＿＿＿＿＿＿＿＿＿＿＿＿＿＿＿＿＿＿＿＿＿

其他参与人员＿＿＿＿＿＿＿＿＿＿＿＿＿＿＿＿＿＿＿＿＿＿＿＿

听证记录：＿＿＿＿＿＿＿＿＿＿＿＿＿＿＿＿＿＿＿＿＿＿＿＿＿

＿＿＿＿＿＿＿＿＿＿＿＿＿＿＿＿＿＿＿＿＿＿＿＿＿＿＿＿＿＿

＿＿＿＿＿＿＿＿＿＿＿＿＿＿＿＿＿＿＿＿＿＿＿＿＿＿＿＿＿＿

＿＿＿＿＿＿＿＿＿＿＿＿＿＿＿＿＿＿＿＿＿＿＿＿＿＿＿＿＿＿

＿＿＿＿＿＿＿＿＿＿＿＿＿＿＿＿＿＿＿＿＿＿＿＿＿＿＿＿＿

申请听证人或者其委托代理人(签名)：

主持人(签名)：　　　　听证员(签名)：　　　　书记员(签名)：

年　　月　　日

共　页　第　页

示例 29　听证会报告书

听证会报告书

（　　）应急听报〔　　〕　号

案件名称：________________

<table>
<tr><td>主持人</td><td></td><td>听证员</td><td></td><td>书记员</td><td></td></tr>
<tr><td colspan="6">听证会基本情况摘要：（详见听证会笔录，笔录附后）</td></tr>
<tr><td>主持人
意见</td><td colspan="5">主持人（签名）：
年　　月　　日</td></tr>
<tr><td>负责人
审核意见</td><td colspan="5">负责人（签名）：
年　　月　　日</td></tr>
</table>

示例 30　案件处理呈批表

案件处理呈批表

（　　）应急处呈〔　　〕号

案件名称：________________________________

<table>
<tr><td rowspan="5">当事人基本情况</td><td>被处罚单位</td><td></td><td>地址</td><td colspan="3"></td></tr>
<tr><td>法定代表人/负责人</td><td></td><td>职务</td><td></td><td>邮编</td><td></td></tr>
<tr><td>被处罚人</td><td></td><td>年龄</td><td></td><td>性别</td><td></td></tr>
<tr><td>所在单位</td><td></td><td>单位地址</td><td colspan="3"></td></tr>
<tr><td>家庭住址</td><td></td><td>联系电话</td><td></td><td>邮编</td><td></td></tr>
<tr><td>违法事实及处罚依据</td><td colspan="6"></td></tr>
<tr><td>当事人的申辩意见</td><td colspan="6"></td></tr>
<tr><td>承办人意见</td><td colspan="6">承办人（签名）：　　　　年　　月　　日</td></tr>
<tr><td>审核意见</td><td colspan="2">审核人（签名）：
年　　月　　日</td><td>审批意见</td><td colspan="3">审批人（签名）：
年　　月　　日</td></tr>
</table>

示例 31　行政处罚集体讨论记录

行政处罚集体讨论记录

（　　）应急罚集〔　　〕号

案件名称：______________________________

讨论时间____年____月____日____时____分至____年____月____日____时____分

地点______________________________

主持人____________汇报人____________记录人____________

出席人员姓名及职务：

____

____

____

____

____

讨论内容：______________________________

____

____

____

讨论记录：______________________________

____

____

____

____

____

结论性意见：______________________________

____

____

____

出席人员签名：______________________________

____

____

示例 32　行政(当场)处罚决定书(单位)

行政(当场)处罚决定书(单位)

(　　)应急罚当〔　　〕号

被处罚单位:____

地址:______________________________邮政编码:__________________

法定代表人(负责人):__________职务:__________联系电话:____________

违法事实及证据:____________________________________

____

____________________(此栏不够,可另附页)

以上事实违反了____________________________________的规定,依据________________________________的规定,决定给予________________________________的行政处罚。

罚款的履行方式和期限(见打√处):

□当场缴纳

□自收到本决定书之日起 15 日内缴至________________________,账号________________,到期不缴每日按罚款数额的 3%加处罚款。

如果不服本处罚决定,可以依法在 60 日内向____________________人民政府或者________________________申请行政复议,或者在 6 个月内依法向____________________人民法院提起行政诉讼,但本决定不停止执行,法律另有规定的除外。逾期不申请行政复议、不提起行政诉讼又不履行的,本机关将依法申请人民法院强制执行或者依照有关规定强制执行。

安全生产监管行政执法人员(签名):__________　__________

当事人或者委托代理人(签名):__________

应急管理部门(印章)

年　　月　　日

本文书一式两份:一份由应急管理部门备案,一份交被处罚单位。

示例 33　行政(当场)处罚决定书(个人)

行政(当场)处罚决定书(个人)

(　　)应急罚当〔　　〕号

被处罚人:______性别:______年龄:______身份证号:______

家庭住址:______所在单位:______

职务:______单位地址:______联系电话:______

违法事实及证据:______

______

______(此栏不够,可另附页)

以上事实违反了______的规定,依据______的规定,决定给予______的行政处罚。

罚款的履行方式和期限(见打√处):

□当场缴纳

□自收到本决定书之日起15日内缴至______,账号______,到期不缴每日按罚款数额的3%加处罚款。

如果不服本处罚决定,可以依法在60日内向______人民政府或者______申请行政复议,或者在6个月内依法向______人民法院提起行政诉讼,但本决定不停止执行,法律另有规定的除外。逾期不申请行政复议、不提起行政诉讼又不履行处罚的,本机关将依法申请人民法院强制执行或者依照有关规定强制执行。

安全生产监管行政执法人员(签名):______ ______

当事人或者委托代理人(签名):______

应急管理部门(印章)

年　　月　　日

本文书一式两份:一份由应急管理部门备案,一份交被处罚个人。

示例34　行政处罚决定书(单位)

行政处罚决定书(单位)

(　　)应急罚〔　　〕　号

被处罚单位：________________________________

地址：____________________邮政编码：____________

法定代表人(负责人)：__________职务：__________联系电话：__________

违法事实及证据：________________________________

____

____

____________(此栏不够，可另附页)

以上事实违反了________________________________的规定，依据________________________________的规定，决定给予________________________________的行政处罚。

处以罚款的，罚款自收到本决定书之日起15日内缴至________________，账号__________，到期不缴每日按罚款数额的3%加处罚款。

如果不服本处罚决定，可以依法在60日内向________________人民政府或者__________申请行政复议，或者在6个月内依法向__________人民法院提起行政诉讼，但本决定不停止执行，法律另有规定的除外。逾期不申请行政复议、不提起行政诉讼又不履行处罚的，本机关将依法申请人民法院强制执行或者依照有关规定强制执行。

应急管理部门(印章)

年　　月　　日

本文书一式两份：一份由应急管理部门备案，一份交被处罚单位。

示例35　行政处罚决定书(个人)

行政处罚决定书(个人)

(　　)应急罚〔　　〕　号

被处罚人：＿＿＿＿性别：＿＿＿年龄：＿＿＿身份证号：＿＿＿＿＿＿

家庭住址：＿＿＿＿＿＿＿所在单位：＿＿＿＿＿＿＿＿＿

职务：＿＿＿＿＿单位地址：＿＿＿＿＿＿＿＿＿邮政编码：＿＿＿＿

违法事实及证据：＿＿＿＿＿＿＿＿＿＿＿＿＿＿＿＿＿＿＿＿

＿＿＿＿＿＿＿＿＿＿＿＿＿＿＿＿＿＿＿＿＿＿＿＿＿＿＿＿

＿＿＿＿＿＿＿＿＿＿＿＿＿＿＿＿＿＿＿＿＿＿＿＿＿＿＿＿

＿＿＿＿＿＿＿＿＿＿＿＿＿＿＿＿＿＿＿＿＿＿＿＿(此栏不够，可另附页)

以上事实违反了＿＿＿＿＿＿＿＿＿＿＿＿＿＿＿＿＿＿＿＿的规定，依据＿＿＿＿＿＿＿＿＿＿＿＿＿＿＿＿＿＿＿＿＿＿＿的规定，决定给予＿＿＿＿＿＿＿＿＿＿＿＿＿＿＿＿＿＿＿＿的行政处罚。

处以罚款的，罚款自收到本决定书之日起15日内缴至＿＿＿＿＿＿＿＿＿，账号＿＿＿＿＿＿＿＿＿＿，到期不缴每日按罚款数额的3%加处罚款。

如果不服本处罚决定，可以依法在60日内向＿＿＿＿＿＿＿＿＿＿人民政府或者＿＿＿＿＿＿＿＿＿＿＿＿＿＿申请行政复议，或者在6个月内依法向＿＿＿＿＿＿人民法院提起行政诉讼，但本决定不停止执行，法律另有规定的除外。逾期不申请行政复议、不提起行政诉讼又不履行处罚的，本机关将依法申请人民法院强制执行或者依照有关规定强制执行。

应急管理部门(印章)

年　　月　　日

本文书一式两份：一份由应急管理部门备案，一份交被处罚个人。

示例 36　缴纳罚款催告书

缴纳罚款催告书

（　　）应急催〔　　〕　号

______________________：

本机关于____年____月____日发出______________号行政处罚决定书，要求你（单位）于____年____月____日前将罚款缴至______________。因你（单位）至今未履行该处罚决定，依据《中华人民共和国行政强制法》第三十五条的规定，现催告你（单位）履行以上决定，本机关将依据《中华人民共和国行政处罚法》第五十一条第一项、《中华人民共和国行政强制法》第四十五条的规定，每日按罚款数额的3%加处罚款。

如有异议，依据《中华人民共和国行政强制法》第三十六条的规定，你（单位）有权在收到本催告书之日起3日内向本机关提出陈述和申辩，逾期未提出的，视为放弃此权利。

地址：____

联系人：______________联系电话：________________________

应急管理部门（印章）

年　　月　　日

本文书一式两份：一份由应急管理部门备案，一份交被通知当事人。

示例 37　加处罚款决定书

加处罚款决定书

（　　）应急加罚〔　　〕　号

______________：

本机关于____年____月____日发出____________号《行政处罚决定书》，对你（单位）罚款____________，要求于____年____月____日前履行。经催告，你（单位）截至____年____月____日仍未履行该行政处罚决定，根据《中华人民共和国行政处罚法》第五十一条第一项、《中华人民共和国行政强制法》第四十五条的规定，本机关决定对你（单位）加处罚款________________________（大写）。现要求你（单位）立即向________________________缴纳依法加处的罚款。

如果不服本决定，可以依法在60日内向______________________________人民政府或者_______________申请行政复议，或者在6个月内依法向________________________人民法院提起行政诉讼，但本决定不停止执行，法律另有规定的除外。逾期不申请行政复议、不提起行政诉讼又不履行处罚的，本机关将依法申请人民法院强制执行。

应急管理部门（印章）

年　　月　　日

本文书一式两份：一份由应急管理部门备案，一份交当事人。

示例 38　延期(分期)缴纳罚款审批表

延期(分期)缴纳罚款审批表

(　　)应急缴审〔　　〕　号

案件名称			
处罚决定书文号			
当事人		地址	
违法事实及处罚决定			
当事人申请延期(分期)缴纳罚款的理由			
承办人意见	承办人(签名): 年　　月　　日		
审核意见	审核人(签名):　　年　　月　　日		
审批意见	审批人(签名):　　年　　月　　日		

示例 39　延期(分期)缴纳罚款批准书

延期(分期)缴纳罚款批准书

(　　)应急缴批〔　　〕　号

____________________：

____年____月____日，本机关对你(单位)发出____________________号行政处罚决定书，作出了对你(单位)罚款____________________(大写)的决定，现根据你(单位)的申请，本机关依据《中华人民共和国行政处罚法》第五十二条的规定，同意你(单位)：

□延期缴纳罚款。延长至____年____月____日(大写)止。

□分期缴纳罚款。第____期至____年____月____日(大写)前，缴纳罚款____________________元(大写)(每期均应当单独开具本文书)。此外，尚有未缴纳的罚款____________________元(大写)。

代收机构以本批准书为据，办理收款手续。

逾期缴纳罚款的，依据《中华人民共和国行政处罚法》第五十一条第一项的规定，每日按罚款数额的3%加处罚款。

应急管理部门(印章)

年　　月　　日

本文书一式两份：一份由应急管理部门备案，一份交申请人。

示例 40　文书送达回执

文书送达回执

(　　)应急回〔　　〕　号

案件名称：________________

<table>
<tr><td>受送达单位(个人)</td><td colspan="5"></td></tr>
<tr><td>送达文书名称、文号</td><td>收件人签名
或者盖章</td><td>送达
地点</td><td>送达
日期</td><td>送达
方式</td><td>送达人</td></tr>
<tr><td rowspan="2"></td><td rowspan="2"></td><td rowspan="2"></td><td rowspan="2"></td><td rowspan="2"></td><td></td></tr>
<tr><td></td></tr>
<tr><td rowspan="2"></td><td rowspan="2"></td><td rowspan="2"></td><td rowspan="2"></td><td rowspan="2"></td><td></td></tr>
<tr><td></td></tr>
<tr><td rowspan="2"></td><td rowspan="2"></td><td rowspan="2"></td><td rowspan="2"></td><td rowspan="2"></td><td></td></tr>
<tr><td></td></tr>
<tr><td rowspan="2"></td><td rowspan="2"></td><td rowspan="2"></td><td rowspan="2"></td><td rowspan="2"></td><td></td></tr>
<tr><td></td></tr>
<tr><td rowspan="2"></td><td rowspan="2"></td><td rowspan="2"></td><td rowspan="2"></td><td rowspan="2"></td><td></td></tr>
<tr><td></td></tr>
<tr><td colspan="6">应急管理部门(印章)</td></tr>
<tr><td colspan="6">备注：</td></tr>
</table>

注：1. 一个案件各类文书的送达，统一使用一份送达回执。

2. 各类文书送达参照民事诉讼法有关送达的规定执行。

3. 他人代收的，由代收人在收件人栏内签名或者盖章，并在备注栏内注明与被送达人的关系；留置送达的，在备注栏说明情况，并由证明人签字。

示例 41　行政强制执行事先催告书

行政强制执行事先催告书

（　　）应急执行催告〔　　〕号

______________：

本机关于____年____月____日对你（单位）作出的______________________尚未履行，你（单位）在法定期限内未申请行政复议或者提起行政诉讼。依据《中华人民共和国行政强制法》第五十三条、第五十四条的规定，请你（单位）：

□于____年____月____日前将罚款____________________元（大写），加处罚款__________元（大写），（合计：__________元）缴至______________________________。

□立即履行以下行政决定：____。

如你（单位）不履行上述义务，本机关将依据《中华人民共和国行政强制法》第五十三条、五十四条的规定，申请人民法院强制执行。

应急管理部门（印章）

年　　月　　日

本文书一式两份：一份由应急管理部门备案，一份交当事人。

示例42　强制执行申请书

强制执行申请书

(　　)应急强执〔　　〕号　　　签发人：

__________________人民法院：

本行政机关于____年____月____日对被申请执行人______________________作出了______________________的行政决定(文号：_______________)，被申请执行人在法定的期限内未履行该行政决定。根据《中华人民共和国行政处罚法》第五十一条及《中华人民共和国行政强制法》第五十三条、五十四条的规定，特申请贵院强制执行。

附有关材料：

应急管理部门(印章)

年　　月　　日

联系人：_______________　联系电话：___________________

示例 43　案件移送审批表

案件移送审批表

（　　）应急移审〔　　〕号

案由	
当事人	
地址	
受移送机关	
案情简介	
移送理由	
承办人员 拟办意见	承办人（签名）：　　　　年　　月　　日
审核意见	审核人（签名）：　　　　年　　月　　日
审批意见	审批人（签名）：　　　　年　　月　　日

示例44　案件移送书

案件移送书

（　　）应急移〔　　〕号

____________：

本行政机关于____年____月____日对____________一案立案调查，因在调查中发现____，故此案已超出本行政机关管辖范围，根据____________________的规定，移送你单位对该案件进一步审理，依法追究责任。

附该案件有关材料：____

共____份____页。

应急管理部门（印章）

年　　月　　日

本文书一式两份：一份由应急管理部门备案，一份交被移送单位。

示例 45　案件延期审批表

案件延期审批表

（　　）应急案延〔　　〕号

案件名称：____

<table>
<tr><td rowspan="5">当事人基本情况</td><td>单位名称</td><td></td><td>法定代表人</td><td></td><td>联系电话</td><td></td></tr>
<tr><td>地址</td><td colspan="3"></td><td>邮政编码</td><td></td></tr>
<tr><td>个人姓名</td><td></td><td>出生年月</td><td></td><td>性别</td><td></td></tr>
<tr><td>所在单位</td><td></td><td>单位地址</td><td colspan="3"></td></tr>
<tr><td>家庭住址</td><td></td><td>联系电话</td><td></td><td>邮编</td><td></td></tr>
<tr><td>案件延期理由</td><td colspan="6">承办人（签名）：　　年　　月　　日</td></tr>
<tr><td>审核意见</td><td colspan="6">审核人（签名）：　　年　　月　　日</td></tr>
<tr><td>审批意见</td><td colspan="6">审批人（签名）：　　年　　月　　日</td></tr>
</table>

示例46　结案审批表

结案审批表

（　　）应急结〔　　〕　号

案件名称：________________________________

<table>
<tr><td rowspan="5">当事人基本情况</td><td>被处罚人（单位）</td><td></td><td>地址</td><td colspan="3"></td></tr>
<tr><td>法定代表人</td><td></td><td>职务</td><td></td><td>邮编</td><td></td></tr>
<tr><td>被处罚人（个人）</td><td></td><td>年龄</td><td></td><td>性别</td><td></td></tr>
<tr><td>所在单位</td><td></td><td>单位地址</td><td colspan="3"></td></tr>
<tr><td>家庭住址</td><td></td><td>联系电话</td><td></td><td>邮编</td><td></td></tr>
<tr><td>处理结果</td><td colspan="6"></td></tr>
<tr><td>执行情况</td><td colspan="6">承办人（签名）：　　　　　年　　月　　日</td></tr>
<tr><td>审核意见</td><td colspan="3">审核人（签名）：
年　　月　　日</td><td>审批意见</td><td colspan="2">审批人（签名）：
年　　月　　日</td></tr>
</table>

示例 47　案卷(首页)

________应急管理局
安全生产违法案件
案卷(首页)

(　　)应急案〔　　〕　号

案件名称：____

案由	
处理结果	

立案：____年____月____日

结案：____年____月____日

承办人：____________ ____________

归档日期：____年____月____日

归档号：____________

保存期限：____________

示例 48　卷内目录

卷内目录

序号	文件名称及编号	日期	页号	备注

思考题

1. 应急管理行政执法文书的含义和特点是怎样的？
2. 应急管理行政执法文书有哪些主要种类？
3. 应急管理行政执法文书有哪些制作要求？
4. 常见的应急管理行政执法文书的样式有哪些？

第五章　应急管理新闻写作

第一节　应急管理新闻概说

一、应急管理新闻的概念

关于新闻的概念，归纳起来有以下几种：

(1) 新近听到的事件，社会上新近发生的事件。唐李咸用《春日喜逢乡人刘松》："旧业久抛耕钓侣，新闻多说战争功。"明陈继儒《安得长者言》："吴俗：坐定辄问新闻。此游闲小人入门之渐，而是非媒孽交搆之端也。"清曹雪芹《红楼梦》第一回："当下哄动街坊，众人当作一件新闻传说。"袁静《伏虎记》第四十回："连长连长，大新闻哪，你这个大活人成了烈士了！"

(2) 新知识。宋苏轼《次韵高要令刘湜峡山寺见寄》："新闻妙无多，旧学闲可束。"

(3) 宋时指有别于正式朝报的小报。宋赵升《朝野类要・文书》："朝报，日出事宜也。每日门下后省编定，请给事判报，方行下都进奏院，报行天下。其有所谓内探、省探、衙探之类，皆衷私小报，率有漏泄之禁，故隐而号之曰新闻。"

(4) 报纸、广播电台、电视台对新近发生的事实的报道。随着通信手段的丰富便捷，新闻的报道范围更为广泛，也有将新闻认为是：对正在或新近发生的事实的报道。宋教仁《宋渔父日记》："吾并将此文译为英、佛、露、独各文，送各国新闻登之。"老舍《茶馆》第二幕："长辛店大战的新闻，买报瞧瞧长辛店大战的新闻！"曹禺《日出》第三幕："我都想过，画报上一定登那么老大的照片，我的，胡四的，我们俩的，报纸每天登着我们蜜月的新闻。"

(5)《辞海》对"新闻"的解释之一为："新近发生或变动的事实信息。一般为受众所关注，并需经传播者选择，借助语言、文字图像等符号载体及时传播。产生于人们沟通和了解情况的社会需要。由于生产力的发展与人际交往的频繁，出现从事采集与传播新闻的社会职业，并逐步成为各种政治力量、社会团体的宣传手段和舆论工具；在经济领域中，也成为一种商品。"

综上所述,新闻就是对通过报纸、电台、广播、电视台等媒体途径所传播信息的称谓,是记录社会、传播信息、反映时代的一种文体。新闻有广义与狭义之分,就其广义而言,除了发表于报刊、广播、互联网、电视的评论与专文外的常用文本都属于新闻之列,包括消息、通讯、特写等。狭义的新闻则专指消息,消息用概括的叙述方式,以较简明扼要的文字,迅速及时地报道国内外新近发生的、有价值的事实。应急管理新闻属于新闻的一个细分类目,侧重点是采集、报道、发布应急管理领域的新闻,集中展示应急管理新闻的载体主要有《中国应急管理报》《中国煤炭报》和应急管理系统各级应急管理融媒体。

二、应急管理新闻价值

新闻价值是指新闻事实内含的能够在多大程度上引起受众普遍关注的素质(要素),以及其传递价值观的能力,是新闻传播主体衡量、选择新闻事实的依据。新闻价值观念形成于19世纪30年代美国的大众化报纸时期。在中国,最早研究新闻价值的是徐宝璜,他在1918年发表的《新闻学大意》中专列"新闻的价值"一章。应急管理新闻价值,是指应急管理新闻内含的能够在多大程度上引起受众普遍关注的素质(要素),主要有以下方面:

(1) 时新性。报道及时,内容新鲜。应急管理事件发生和公开报道之间的时间差越短,新闻价值越大;内容越新鲜,新闻价值越大。

(2) 重要性。应急管理事件对国计民生的影响越大,就越重要,新闻价值也越大。

(3) 接近性。包括地理上的接近,利害上的接近,思想上的接近,感情上的接近。凡是具有接近性的事实,受众关心,新闻价值就大。

(4) 显著性。应急管理新闻报道对象(包括人物、团体、地点等)的知名度越高,新闻价值越大。

应急管理新闻价值对于采访、制作、编辑等新闻业务有直接的作用。在采访前,记者依据新闻价值判断某一新闻线索有无采访的必要;在采访中,记者依据新闻价值估量获得的各种事实,以便抓住要点,深入采访;在制作中,记者依据新闻价值选取、组织、体现材料,编辑依据新闻价值审视新闻稿,决定稿件的取舍、修改以及版面设计或节目的安排。新闻事实能否及时传播出去,除了考虑事实的新闻价值外,还要受到新闻政策、新闻法的制约。

三、应急管理新闻要素

新闻有六要素,很多教材把它们概括为"5W+H",即:谁(Who)、何时(When)、何地(Where)、何事(What)、为何(Why)、结果如何(How),换一种说法就是人物、时间、地点、经过、原因、结果。如果把这六要素串起来,概括成一句话,就是:某人某时在某地做了某事出现了某种结果。一篇应急管理新闻报道,无论是消息,还是通讯、特写,一般都包含这些因素。

四、应急管理新闻格式

应急管理新闻结构是对应急管理新闻作品谋篇布局的整体设计。主要组成部分是标题、导语、主体、背景和结尾。

新闻的标题是新闻的眉目，是内容的提要。标题一般用简明的一两句话概括要报道的对象、事件，有时还要概括出事情的本质意义或直接点明主题。

新闻的导语从形式上看，就是一则新闻的第一句话或第一段文字。从内容上看，它是一则新闻里最主要的事实或主题思想的概括。

新闻的主体是新闻稿的主干，也就是中心部分。主体部分承接导语，对导语里采用的事实必须加以说明、补充；对导语提出的问题，要运用事实材料加以回答、解决，围绕主题具体展开新闻的事实和内容，用足够的、典型的材料表现主题。

新闻的背景是所写新闻的历史背景、环境条件及其与事件的联系。写背景材料，能使读者从广阔的社会背景上和新旧、正反的对比中，去理解报道所举事实的现实意义。

新闻的结尾又叫结语，是消息的结束部分。

五、应急管理新闻写作要求

（一）实事求是

应急管理新闻是对新发生的应急管理事件事实的报道，内容必须是真实的。虚假编造的所谓应急管理新闻，不仅毫无价值可言，而且对社会有很大的危害性。

（二）简洁精练

新闻是一种“贵乎精要”，以“辨洁为能”“明核为美”的文体。新闻贵短。

（三）巧取一隅

对于复杂的应急管理新闻事件，可以只表现它一个小小的局部，以点带面，以小见大。这样写虽不够完整，却能使读者感到好奇和新鲜。把一个局部强调出来，立意不俗，容易吸引读者。

（四）选材典型

选择典型的应急管理新闻事件或典型材料进行报道，可以起到以一当十的作用。什么是典型事件、典型材料？就是那些既有共性特征又有个性特点，有着广泛代表性和强大说服力的事件和材料。人们通过典型事件，能够举一反三，由个别见出一般，由现象认识本质。典型事件未必就是重大事件，有些事件虽小，却有代表性，能够反映同类事物的共同特点和规律，那也是典型事件。

第二节　应急管理消息写作

应急管理消息是用概括的叙述方式，以较简明扼要的文字，迅速及时地报道国内外应急管理领域新近发生的、有价值的事实，让别人了解。应急管理消息是应急管理新闻体裁中最常用、最活跃的一种体裁，在应急管理新闻报道中占有重要地位。

一、应急管理消息的特点

（一）简括

简要、概括地反映新闻事实，是消息有别于其他新闻体裁的本质特点。消息总是用尽可能简练的文字，简明扼要地反映新闻事实。这是新闻媒体受到时空限制的结果，也是满足读者及时快速的阅读需要的必然要求。

（二）用事实说话

消息写作不提倡记者直接抒情或议论，要求尽可能减少主观色彩，尽量发挥事实的效力。因为消息写作最基础的内容是事实，最基础的素材是事实，最基本的手段是事实，其成败的决定性因素是如何运用事实。

（三）迅速及时

各种媒体的竞争，实质上是对新闻时效性的竞争，或者说是采访速度、写作速度、播发速度的竞争。新闻报道是时间性极强的文字作品。有人说“新闻是易碎品，只有二十四小时的寿命”“今天的新闻是金子，昨天的新闻是银子，前天的新闻是垃圾”。新闻界把争夺时效性称为“打快拳”。在这个意义上，时间是价值，也是质量，时效一失，新闻稿件文笔再好，也已大大贬值。在所有新闻文体中，对消息的时效要求是最强的。

（四）独特的外在标志

消息的外在标志是电头或“本报讯”，有人总称为“消息头”。电头，是表明电讯稿发出的单位、地点和时间的，加括号或用显著字体标出，置于稿件开头。新闻通讯社主要以电报、电传、电话等方式发稿，所以通讯社总是以“某某社某地某月某日电”作为消息头。“本报讯”是报社自己的记者或通讯员采写的稿件的标志。如系外埠采访、外地寄稿，也需表明发稿的地点、时间，写成“本报某地某月某日专讯（专电）”。有些消息，如报道重大事件的消息，描写性消息、评述性稿件，或者是名记者所写的稿件，有时也署上记者的名字。

二、应急管理消息的结构

应急管理消息的结构主要是指对于导语、主体等部分的新闻事实的安排次序与处理方法。如何安排消息的结构，除了关注导语的使用，还需要注意各种新闻事实以及写作中过渡、背景说明的使用等。总体来说，应急管理消息常用的结构有如下几种：

1. 倒金字塔结构。倒金字塔结构是新闻写作中最常用的一种结构形式，这种结构很像一座倒置的金字塔，头重而脚轻，把最重要的新闻事实放在导语里，然后按照一系列新闻事实的重要程度依次排列，最不重要的排列在最后，整篇新闻也不需要一个特别的结尾，写完最后的一段便结束了。这种写作结构有如下好处：第一，对记者来说，可以形成一个新闻写作的思维模式，能够迅速地对一系列新闻事实作出反应，按重要程度进行排列，在最快的时间里写出新闻稿件，满足了新闻报道的时效性。第二，对编辑来说，一方面可以从导语或者次导语中提炼标题;另一方面,在报纸版面不够的情况下可以删除最后一段或几段,而不影响主要内容的阅读。第三,对读者来说,为其阅读提供了极大的方便,读者浏览导语之后,如果有时间有兴趣可以继续阅读下文,如果没有兴趣或者没有时间,可以去看别的报道,但是他们对新闻最重要的内容已经有所了解。

2. 金字塔结构。又称积累兴趣结构,按照时间顺序来安排事实,先发生的放在前面,后发生的放在后面;事件的开头就是新闻的开头,事件的结尾就是新闻的结尾。它采用事实性导语,一段比一段具体,事件的结果要到最后一段才写出来。

3. 螺丝钉结构。这种结构跟倒金字塔结构有类似的地方,也有不同之处。说它们类似,是因为这种结构也是把最重要的事实放在导语里,它们的不同在于导语以下的部分。螺丝钉结构导语以下的部分并不是完全地按照新闻事实的重要程度排列,而是将同等重要的一系列的新闻事实依据某种表达的需要作出先后的处理。

4. 编年体结构。编年体结构是以新闻发生的时间顺序,偶尔也以它的逻辑顺序来叙述新闻事件的发生、发展和结束过程的一种结构方式。这种结构的特点在于新闻的展开与事件的发展基本重合,故事的高潮一般都在最后的部分,行文层次分明,情节引人入胜。但是这种写法的难点在于它的导语部分的写作,因为要把平常的事件写得特别出彩,吸引读者往下读,是一件很不容易的事情。

5.《华尔街日报》主体结构。这是由美国《华尔街日报》记者最先开始使用的体例,因此也被称为《华尔街日报》体。这种结构的基本方式是:从与重大新闻事件有关的某一有趣的小故事写起;在小故事讲完之后,用一个过渡句或者过渡段将小故事与新闻事件联系起来;待新闻事件写完,再用某种方式折回开头的小故事上。这种结构的好处是:第一,开头的故事富于趣味性,能迅速抓住读者的注意力;第二,自然的过渡段落能够将读者不知不觉地吸引到新闻主题的阅读上来;第三,最后部分又回到开头的故事,首尾相接,具有故事性,又很完整,读者能够获得一定的文学享受。

6. 提要式结构。又称一二三四结构,是一种把倒金字塔结构和并列式结构结合起来的写作形式,适用于综述性新闻。

新闻结构没有一成不变的固定模式,它处于不断发展变化之中,记者在采写新闻时,要根据内容决定形式的原则,选择最佳的新闻结构去灵活多样地表述新闻内容。

三、应急管理消息的写作格式

(一) 标题

新闻的标题是新闻的眉目,是内容的提要。标题一般用简明的一两句话概括要报道的对象、事件;有时还要概括出事情的本质意义或直接点明主题。应急管理消息标题有两种形式:单一型标题、复合型标题。单一型标题最为常见。

1. 单一型标题。这类标题通常用于内容较集中的新闻报道。

【例文 1】

警惕！多年罕见，多国灾害频发！普通人应该怎么办？

（来源：2023 年 5 月 17 日《中国应急管理报》官微）

【例文 2】

湖南多措并举纵深推进重大事故隐患专项排查整治行动

（来源：2023 年 5 月 7 日中华人民共和国应急部网站“地方应急”专栏）

2. 复合型标题。这类标题常由正题、引题、副题构成。正题，也叫主题、母题，是标题的中心，常用于概括消息中最主要的内容或中心思想。引题，也叫眉题、肩题，常用来交代背景、提示意义或烘托气氛，用以引出正题。副题，也叫辅题、子题，一般用来提要式地标明新闻的重要事实或事件结果，对正题进行补充，位置在正题正下方。

【例文 1】

聚焦痛点堵点　勇于啃硬骨头（主题）

——浙江温岭市“一厂多租”安全生产整治工作侧记（副题）

（来源：2023 年 5 月 5 日《中国应急管理报》）

【例文 2】

精锐用兵、实战实练（主题）

——直击“应急使命·2023”高山峡谷地区地震救援演习（副题）

（来源：2023 年 5 月 17 日新华社）

【例文 3】

镇平县推行“12345”工作法（引题）

着力提升非煤矿山本质安全水平（主题）

（来源的：2023 年 5 月 5 日《中国应急管理报》）

【例文 4】

中铁十八局北京公司湖北工程管理部(引题)

跑现场问进展　早谋划勇担当(主题)

(来源:2022 年 7 月 1 日《中国应急管理报》)

使用多行标题,可以营造出标题丰富的内涵,又十分醒目,读过之后就可以基本了解全文内容,使得信息传播效果具有强劲的张力。有些新闻稿的标题,只有正题和引题,或只有正题和副题。这是由新闻稿的内容和写作意图决定的。两行标题多采用虚实结合、彼此补充的办法来取得良好的信息传播效果。

应急管理消息标题拟写要注意以下几点:

一是新闻标题有概括新闻主题或者突出主要新闻事实的作用,而一般说来,消息多是采用倒金字塔结构,导语里常常包括新闻主要内容或者主要新闻事实,因此拟写标题最直接的一个做法就是从导语中提炼。

二是从某种意义上说,导语已经是整个新闻内容的浓缩、概括、提炼,而标题是在导语基础上对新闻内容的再浓缩、再概括、再提炼,这就表明对标题的文字表达有特别的要求,标题拟写应做到准确、简洁、新颖、富于文采。

三是遇到重大新闻的报道,消息标题还应该或隐或现地体现记者、编辑所属媒体的立场、倾向。

(二) 导语

应急管理消息的导语从形式上看,就是一则消息的第一句话或第一段文字。从内容上看,它是一则消息里最主要的事实或主题思想的概括。

1. 概述式导语。也称叙述式导语、摘要式导语,其特点是简明、平易、朴实。要求直截了当叙述事实,并且能揭示实质性内容或突出事物的特点,让读者有新鲜感。

【例文 1】

2023 年 5 月 14 日,紫金矿业集团股份有限公司控股子公司西藏巨龙铜业有限公司(以下简称“巨龙铜业”)外协单位福建兴万祥建设集团有限公司(以下简称“兴万祥”)在所承包的巨龙铜多金属矿露天采场排水巷道相关竖井工程施工过程中发生一起吊笼坠落事故,造成 6 名兴万祥员工失联。截至目前,失联人员仍在全力搜救中。

(来源:2023 年 5 月 16 日《中国煤炭报》新闻《6 人失联! 矿山突发吊笼坠落事故!》的导语)

【例文 2】

据央视 5 月 6 日报道,受强降雨影响,江西宜春丰城市丽村镇清丰河堤下江段河堤溃口

30余米，下游4个村庄被淹，200余人受灾，当地各部门正在紧急救援，封堵溃口。

（来源：2023年5月6日《北京日报》新闻《江西10地特大暴雨！一河堤溃口致200余人受灾，紧急救援》的导语）

2. 提问式导语。用提问的方式引出下文，能引起读者关注，增加报道的针对性。一般提出的问题应该是社会关注的焦点问题，或是与大众密切相关的问题。

【例文】

“掘进工作面迎头这么暗？”近日，国家矿山安全监察局山西局局长胡海军带队在山西柳林寨崖底煤业有限公司检查时发现，无论操作员如何调亮调度指挥中心监控屏幕，仍然看不清工作面迎头员工的作业情况。

（来源：2023年3月22日《中国应急管理报》新闻《看不清　看不到　监控系统成摆设》的导语）

3. 描写式导语。对新闻里的主要事实或某一有意义的侧面加以描写，这种导语可以引人入胜，但描写应力求简洁朴素，并充分显示出它的意义和特点。

【例文】

4月19日，刚刚参加完甘肃省应急管理厅“应急第一响应人”师资培训班的酒泉市学员在乘车返程途中就遇到了旅客晕厥不醒的紧急状况，奔驰的列车上进行了一次应急救援的实战检验……

（来源：2023年4月21日中国安全生产网新闻《昨天：参加应急救援培训　今天：路遇旅客晕厥施救》的导语）

4. 结论式导语。这种导语先提出结论性观点，然后再作阐述。

【例文】

近日，西藏自治区日喀则市206个乡镇（街道）全部加挂“应急管理站”站牌，挂牌率达100%。这一目标的达成离不开前不久日喀则市安委办印发的《日喀则市乡镇（街道）应急管理站建设实施方案》。

[来源：2023年4月3日《中国应急管理报》新闻《西藏日喀则市：206个乡镇（街道）应急管理站全部挂牌》的导语]

5. 引语式导语。这种导语直接引用新闻中涉及的人物所说的原话。引用人物话语的目的是要突出新闻报道的真实性和现实性，而非为了引起读者的兴趣或好奇心。

【例文】

“这里有人在储存、充装燃气，估计有几百瓶，像是个非法经营点。”5月12日，广西柳州市柳南区城管执法局接到这条举报线索。

（来源：2023 年 5 月 15 日《中国应急管理报》官微新闻《工业园暗藏 300 多个“炸弹”，当场查处！》的导语）

在写应急管理消息导语时要注意以下几点：

第一，导语中选用的事实，必须有价值到非要写出来与大家分享不可的地步。这种事实有一种紧紧抓住读者的力量，所报道的事实或者所描述的观点有新意。

第二，导语内容越具体越好，但是不要包括太细节的内容。例如报道某个煤矿安全事故死亡 6 个人，不一定要把 6 个人的姓名全部写进导语中。

第三，导语要有一个兴奋点或者卖点能调动读者的情绪。导语在引用某一个新观点时，写作者必须了解读者的需求，否则会引起读者的反感。

第四，导语要具有视觉感，让人读过忘不掉。尽量使用直截了当的、生动的、不拘形式的语言和短句子。

（三）主体

主体是消息的主干、中心部分。主体部分承接导语，对导语里采用的事实，必须加以说明、补充，对导语提出的问题，要运用事实材料加以回答、解决，围绕主题具体展开新闻的事实和内容，用足够的、典型的材料表现主题。

主体部分的写作，运用较普遍的类型有以下几种：

1. 按照新闻事件发生、发展的先后顺序组织材料。报道单一而又具体完整的新闻事件的消息常采用这种结构形式。

【例文】

2023 年 5 月 9 日，河南大有能源股份有限公司所属耿村煤矿 13 采区出现高温火点，5 月 10 日凌晨火情突然扩大，导致现场 5 名人员失联。目前其余人员全部安全撤离，救援工作正在进行。

（来源：2023 年 5 月 11 日《中国煤炭报》新闻《突发！煤矿采区发生安全事故，5 人失联》的主体）

2. 按照各个新闻事件之间的逻辑关系组织材料。这里所说的逻辑关系，包括因果关系、递进关系、条件关系、并列关系、主次关系、点面关系等。综合新闻、述评消息常采用这种结构形式。

【例文】

明查暗访组结合当地安全评价机构执业行为专项整治实情，根据安全生产举报和信访举报线索，采取“四不两直”方式，重点检查了山东省济南市、临沂市，辽宁省沈阳市、铁岭市，陕西省西安市、延安市，广东省广州市、佛山市，江苏省南京市、苏州市等10个地市的33家评价检测机构和相关生产经营单位，共发现评价检测机构在资质保持、评价漏项、报告失实和信息公开等方面的问题及线索219条。其中，资质认定和保持不够方面21条，报告失实和漏项方面31条，过程控制不严格方面33条，报告及信息公开不规范方面36条，档案管理不到位方面27条，标准引用不准确方面25条，以及其他问题。

（来源：2023年5月11日中国安全生产网新闻《应急管理部组织开展评价检测机构执业行为明查暗访》的主体）

3. 既按时间顺序，又按逻辑关系组织材料。新闻主体的结构形式要服从内容的表达，富于变化，敢于创新。因此，想写好新闻主体要精选材料，善于表达。选择那些典型的、有说服力的材料，切实做到“以一当十”；语言表达力求生动，不要一味地平铺直叙。

【例文】

“你去干什么了？”5月2日，贵州省清镇市应急管理局执法人员在该市站街镇铝宝铝铁矿检查安全生产工作，发现调度监控室的值班人员不在岗。

“我刚才去帮助同事把充气砖从运输车上搬下来，所以调度监控室没人。”该矿调度监控室的值班人员低声回答。

“谁让你擅自离开工作岗位的，万一井下有什么情况该怎么办？”该局执法人员吴仕威严厉批评了值班人员，并对其开展了安全教育。

随后，吴仕威走到监控操作台前通过人员定位系统查看了当天的矿工下井情况，发现人员定位系统无法定位，看不到下井的人员。

“可能是矿工携带的GPS出问题了。”值班人员结结巴巴地答道。

“请你们马上把井下的矿工撤出来，并把人员定位系统修好。”吴仕威要求。

此外，该矿山还存在“矿领导交接班记录没有填写日期、带班矿长没有填写下井记录”等问题。

针对此次检查出来的问题，该局执法人员现场进行了反馈，并要求企业制定整改方案，严格落实整改措施。

（来源：2023年5月10日《中国应急管理报》新闻《值班人员不在岗　定位系统不定位》的主体）

（四）背景

背景是所写新闻的历史背景、环境条件及其与事件的联系。写背景材料，能使读者从广阔的社会背景上和新旧、正反的对比中，去理解报道中所举事实的现实意义，有单一的文字新闻背景，也有图文结合的新闻背景。背景材料一般有两种：

1. 解释说明性背景材料。这是指新闻内容中有一些不容易为人们理解的内容（如专用名词、技术名词、产品性能等）需要解释；有一些人们不了解的情况（如政治背景、地理环境、历史演变、人物出身、经历等)需要介绍说明。

【例文】

全国防灾减灾日的来历。2008 年 5 月 12 日，我国四川汶川发生 8.0 级特大地震，损失影响之大，举世震惊。经国务院批准，自 2009 年起，每年 5 月 12 日为全国防灾减灾日。国家设立“防灾减灾日”，一方面顺应社会各界对中国防灾减灾关注的诉求，另一方面提醒国民前事不忘、后事之师，更加重视防灾减灾，努力减少灾害损失。

全国防灾减灾日图标。图标以彩虹、伞、人为基本构图元素。伞状弧形蕴含防灾减灾“以人为本”的理念和呵护人民生命财产安全的目标。彩虹寓意着美好、和谐的生活。双人执伞代表全民携手、共同参与防灾减灾。“5 • 12”代表每年 5 月 12 日为国家“防灾减灾日”。

(来源：2023 年 5 月 6 日《中国应急管理报》官微新闻《防灾减灾宣传周今日开启!》的部分背景材料)

2. 对比性背景材料。对事物或人物的正反、左右、今昔等方面进行对比，从比较中突出事物或人物的意义。背景材料可以在主体部分集中写，也可穿插在导语、主体或结尾部分里。写多写少，写与不写，要看表现主题的需要。一般说来，背景材料要以能充实内容，烘托和发展主题为目的；不言自明的、众所周知的材料不用写；与主题无关的材料不必写。总之，应以简洁取胜，不宜过多，以免冲淡主题。

【例文】

据统计，此次专业增设、撤销、调整共涉及 2 800 余个专业布点，占目前专业布点总数的 4.5%。从学科门类看，工学所涉专业数量最多，有 1 074 个；从区域布局看，涉及中西部高校的专业有 1 503 个，占比超过 50%。本科专业类型结构和区域布局结构进一步优化，高校主动服务经济社会发展的意识和能力进一步增强。

(来源：2023 年 4 月 20 日《中国应急管理报》官微新闻《增设安全生产监管专业!》的部分背景材料)

在选用应急管理新闻背景时候要注意以下几点：

第一，要围绕应急管理新闻事实和新闻主旨，决定取舍，不要喧宾夺主，背景资料毕竟只是属于枝叶部分，从属部分，不是主干。

第二，要抓重点，同时要注意广泛性、多样化、多侧面地使用。

第三，在文中巧妙穿插，位置灵活，可以采用前导式即把背景放在导语里；也可以采用浓缩式，将背景集中在一个段落里；还可以处理成辐射式，把完整的背景资料化整为零，逐渐地、分散式地插入文中。不能程式化地在每则消息里加入背景，但科技新闻、经济新闻或者一些非事件性报道则有这个需要。

第四，防止陈旧感。背景终究是旧闻，处理不好容易使消息有陈旧感。要尽量在那些驱动报道内容展开的句子或段落中提供此类信息。

第五，防止文件化。在引用现成的文字材料作背景时，不能全部原文照搬，要重新改写，使得文气连贯。

（五）结尾

结尾又叫结语，是消息的结束部分。一般有三种写法：一种是概括性地作出小结，给读者完整的印象，起画龙点睛的作用；一种是指明发展趋势作结，引起读者的关注；一种是不把话说尽，留给读者去思索回味。总之，结尾应当是主题的升华。

当然，新闻稿的结构不是一成不变的。它可以没有导语，也常常不要结尾。有的一开始就叙述事实，没有独立成段的导语；有的在主体部分把事实叙述交代清楚之后即结束，不另作结语。只有导语和主体或者只有主体和结尾的情况是常见的。有的短新闻全文只有一段，若干层次合为一体，从形式上看就没有导语、主体、结尾之分了。

【例文 1】

消防救援人员到场后，迅速设置水枪阵地，将大火彻底扑灭。目前，具体起火原因还在调查中。

（来源：2023 年 4 月 24 日《中国应急管理报》新闻《火光冲天，3 名加油工沉着应对》的结尾）

【例文 2】

暗查暗访工作结束后，工作组将发现的问题隐患清单反馈属地应急管理部门和消防救援机构，同时要求依法依规对上述企业严肃查处。目前，属地监管执法部门已对 7 家企业及其主要负责人的违法违规行为立案调查，实施“一案双罚”。

（来源：2023 年 5 月 1 日中华人民共和国应急管理部官微新闻《应急管理部联合执法小分队在郑州行动》的结尾）

【实例分析 1】

尼日利亚西北部发生沉船事故至少 17 人死亡

新华社阿布贾 5 月 10 日电（记者郭骏）尼日利亚官员 10 日证实，尼西北部索科托州 9 日发生一起因超载引发的沉船事故，造成至少 17 人死亡、多人失踪。

事故发生地索科托州沙加里区一名官员 10 日在接受新华社记者电话采访时说，一艘搭载数十名未成年人的船只 9 日早晨在该区一条河流上航行时沉没，初步调查发现该船涉嫌超载。目前搜救人员已发现 17 具遇难者遗体，一些落水人员自行游到岸边获救，仍有多人失踪。随着搜救工作推进,更多遇难者遗体可能被发现。

由于超载、恶劣天气及安全措施不到位等原因,尼日利亚时常发生沉船事故。今年1月初,一艘搭载约100人的船只在尼西北部凯比州科科一贝塞区一条河流上航行时沉没,造成至少14人死亡。

——2023年5月11日新华网

评点:

本则消息的特点如下:

第一,报道及时。这是一则时效性极强的消息,事故9日发生于国外,10日国内发电,迅速及时。

第二,内容重要。事故造成至少17人死亡、多人失踪。

第三,消息采用倒金字塔结构,把最重要的新闻事实放在导语里,然后按照一系列新闻事实的重要程度依次排列,最不重要的排列在最后。

第四,消息采用单一型标题直接交代事故内容、地点和后果。

第五,消息采用概述式导语,把时间、地点、经过、原因、结果等新闻要素都表述了出来,让读者对新闻内容一目了然。

第六,消息主体按照新闻事件发生、发展的先后顺序组织材料。

第七,消息采用解释性的背景材料,对事故的发生进行了解释说明。

【实例分析2】

精锐用兵、实战实练
——直击"应急使命·2023"高山峡谷地区地震救援演习

5月16日,一场模拟的7.6级地震"突袭"云南丽江。

4 300名各类应急力量闻"震"而动;动力舟桥、翼龙无人机等先进装备轮番登场……有序、有力、有效的应急救援,生动诠释着演习现场醒目的标语"人民至上、生命至上"。

厉兵秣马练精兵,枕戈待旦防未然。

为扎实推动做好抗大震、抢大险、救大灾应急准备,国务院抗震救灾指挥部办公室、应急管理部、云南省人民政府在丽江等地联合举行高山峡谷地区地震灾害空地一体化联合救援演习,代号"应急使命·2023"。

突出空地一体化联合救援行动

模拟强震过后,"灾区"房屋倒塌、道路中断,大量人员被困。精准高效救援,查明灾情为先。

在空中,"彩虹-4"无人机侦察测绘,构建"灾区"三维地形;垂起固定翼无人机全域勘察,实时回传灾情影像;多旋翼无人机,蜂群编队,低空飞行侦察,精确获取被困人员情况。

"报告指挥部，进入古镇的3座桥梁全部坍塌，大部分房屋倒塌，急需开辟空地救援通道，报告完毕！"作为第一支进入"灾区"的空中力量，昆明航空救援支队02307号机机长张英海对"灾区"实施低空侦察，并通过机载应急广播安抚受灾群众。

在地面，丽江市消防救援支队前突小队，攀悬崖、蹚激流，奔赴"灾区"开展灾情侦察。

开展空地灾情侦察的这一幕，正是本次演习特点的集中体现。本次演习结合云南高山峡谷地区灾害特点和高原环境实际，突出空地一体化联合救援行动，开展空地灾情侦察、空地应急投送、空地联合搜救等演习。

"此次演习，聚焦高山峡谷复杂环境和空地协同战法难题，将空地一体化联合救援行动贯穿演习全程。"应急管理部救援协调和预案管理局副局长颜彬介绍，演习中动用11架直升机、3架大型无人机参加，涉及空地协同的科目占比将近50%。充分发挥航空救援力量优势作用，将航空救援行动与地面救援行动相结合。

尖端设备破解救援难题

模拟地震后不久，"千里信使"翼龙无人机飞抵丽江上空，迅速搭建应急通信网络，并开展灾情侦察，实时回传现场画面。

应急管理部科技和信息化司安全生产监察专员张斌川表示，本次参演的翼龙无人机从过去只支持一家运营商服务1 200人，到现在实现移动、联通、电信全网通，最多可同时服务2 400人。带宽提升以后，翼龙还可以边侦查、边扫描、边回传数据，后方边建模，大大提高了工作效率。

抗震救灾，离不开科学技术的支撑。演习中，新装备新技术各显神通，构筑起生命安全屏障。

云南省地震局工作组依托云南地震预警系统，在废墟搜救等点位布设预警信息发布终端，及时为救援工作提供强余震预警，确保救援队伍安全；

在高山丛林搜救现场，救援人员制作720度全景指挥定位图，搜寻失联人员，无人机、红外热成像多种搜索方式并用，快速定位被困人员，并成功实施营救；

堰塞湖险情处置中，国家安全生产应急救援队伍布设水域应急监测成套装备，运用水下机器人实时监测回传堰塞湖容积、流量、坝体暗流、裂隙等相关数据……

"演习突出现代化救援手段运用。"颜彬说，演习中坚持人机结合，大幅度使用工程机械、电子科技、无人智能等一大批高性能、高科技的救援装备，探索创新救援战法，提升抢险救援效能。

全力打通"信息孤岛"

电力、通信和道路中断，一个个村庄变成"信息孤岛"，打通"信息孤岛"，成为决胜救援的关键。

一部部手机信号逐渐满格。云南省信息通信行业派出40人组成的抢修队，携带应急通信设施徒步挺进"灾区"，采用"应急车+基站+机载融合通信中继"的应急通信新模式，在"信息孤岛"区域，迅速开通应急基站，形成大面积网络覆盖，保障"灾区"群众通信需求。

一盏盏灯渐次点亮。灾情勘查、验电、装设接地线……在电力设施抢修现场，云南电网丽江供电局抢修人员确保安全后，登杆更换横担瓷瓶、修复导线，快速恢复电力供应。

一条条路全力抢通。在公路桥梁抢通现场，中国安能利用铺路机在通往"震区"损毁地段铺设临时活动路面，同时快速架设目前国内单体跨度最长的 51 米应急机械化桥，保障各种轮式和履带式装备通过损毁路段。

……

"此次演习按照精锐用兵、精准救援、实战实练、实导实演的方式开展指挥演习和综合演习。"应急管理部有关负责人介绍，演习充分展示了新时代中国特色应急管理体系的优势，达到了提高应急指挥效能和救援合力、推动各地强化抗大震救大灾准备、促进抗震救灾能力提升的预期效果。

（来源：2023 年 5 月 17 日新华社）

评点：

本则消息的特点如下：

第一，报道及时。这是一则时效性极强的消息，5 月 16 日发生，5 月 17 日新华社发通稿，迅速及时。

第二，内容重要。所报道的活动内容重要，展示中国特色应急管理体制的优势。

第三，消息采用复合型标题，主题为虚题，精炼对仗，副题为实题，精炼概述了新闻的主题。

第五，消息采用概述式导语，一句话概括了新闻的基本内容。

第六，消息主体按照各个新闻事件之间的逻辑关系组织材料。

第三节　应急管理通讯写作

一、应急管理通讯的概念

应急管理通讯是运用记叙、描写、抒情、议论等多种手法，具体、生动、形象地反映应急管理新闻事件或典型人物的一种报道形式。

二、应急管理通讯的特征

(1) 报道详细深入。这是区别于消息的一个显著特点，要对事件的来龙去脉、重要环境、背景做具体描写。

(2) 注重思想意义。报道那些人们普遍关心的、有现实意义的题材，还讲究主题的开掘。

(3) 强调形象说话。不仅用事实说话，还要有情节、有联想，用形象说话。

(4) 突出评论性。思想观点一目了然，对就是对，错就是错。

三、应急管理通讯的类别

（一）应急管理人物通讯

人物通讯就是以通讯的形式报道具有新闻价值的人物，反映其行为、事迹和生活，再现其精神境界、人生轨迹和生存状态。应急管理人物通讯指以应急管理系统的典型人物为报道对象的通讯。

（二）应急管理事件通讯

应急管理事件通讯是指详细报道应急管理领域发生的重大责任事故，地震、洪水、海啸、山体滑坡、雷火等自然灾害，车祸、空难、翻船、楼塌、桥垮等灾难性事故之类新闻事件的通讯。应急管理事件通讯记述和再现新闻事件发生、发展的相对完整的过程，显示事件内在逻辑和社会意义。

（三）应急管理工作通讯

应急管理工作通讯指反映应急管理领域工作中的新情况、新办法、新经验、新矛盾、新问题或者新趋势的通讯。工作通讯以记工作为主，着眼于某项工作该怎么做或不该怎么做，工作通讯没有中心人物或中心事件，只有中心工作。

四、应急管理通讯的结构

（一）纵式结构

纵式结构是按照新闻事实发生、发展的时间顺序进行组合和编排的一种结构方式。这种结构方式较为常见，使用起来也很有效，适用于报道有中心事件、中心人物的事实。如果发生了一件能激发读者极大兴趣的新闻事件，最直接的方法按照时间发生的顺序讲述故事，在讲述过程中，选择那些能帮助读者“看到”现场的细节。这种结构使读者对事情发生的过程一目了然；但如果想要给读者留下深刻印象，必须依靠大量的细节和人物言行的描写。

（二）横式结构

横式结构是指按照同一选题的需要，于同一时间将发生在不同空间、不同方位的事实进行串联，或者按照新闻事实的内在性质的区别和联系，以多侧面拼接的形式进行安排。这种结构方式适合报道那些场面宏大、没有中心事件的新闻事实。记者从不同的观察空间去体现主题，即以主题为圆心串联不同空间的事实；或者写一个人物的某方面品质、写某人的一次重大活动，由于要写出这个人或这项活动的整体轮廓，常常围绕主题采用多侧面拼接事实的结构。

（三）递进式结构

递进式结构是指从现象入手，层层挖掘现象背后的深层原因。这种结构方式常常用于写作调查报道、事件通讯或者工作通讯。在这类写作中所采用的新闻事实步步深入、环环递进，从事实到原因，从现象到本质，将主题脉络清晰展示，也就自然增加了读者对报道的信服。

五、应急管理通讯的写作格式

（一）标题

应急管理通讯的标题主要有单一型标题和复合型标题。复合型标题较为常见。

1. 单一型标题。应急管理通讯中这类标题通常用于内容较集中的新闻报道。

【例文 1】

“中国应急九江号”探秘！

（来源：2023 年 4 月 1 日《中国应急管理报》官微）

【例文 2】

村村响、卫星电话……因地制宜打通防灾减灾救灾“最后一公里”！

（来源：2023 年 3 月 31 日中华人民共和国应急管理部官微）

2. 复合型标题。应急管理通讯中这类标题常用于人物通讯、工作通讯等一点多面的新闻报道。

【例文 1】

浩气存天地　忠魂动山河（主题）

——追忆应急管理系统英烈（副题）

（来源：2023 年 4 月 6 日《中国应急管理报》）

【例文 2】

山东青岛以安责险为纽带，将政府监管与保险预防、市场服务有机结合（引题）

事故预防服务费用不低于保费的 20%（主题）

（来源：2023 年 5 月 17 日《中国应急管理报》）

（二）导语

应急管理通讯的导语从形式上看，就是通讯的第一句话或第一段文字。从内容上看，它是一则通讯里最主要的事实或主题思想的概括。

【例文】

把每年6月定为集团质量安全月，由集团党组书记、董事长带头部署谋划，集团总裁带领各专业化公司“一把手”公开承诺、视频连线基层工厂开展安全活动，集团安全总监面向基层企业“一把手”讲授安全课。

科学界定集团、专业化公司、基层企业的安全生产任务，明确各级董事长第一责任人责任、总经理直接管理责任、分管业务领导对分管业务负主体责任。

针对8类极易引发群死群伤的重大安全风险，先后投入3亿多元，改造升级工艺设备、应用监测预警系统，建成一批本质安全型“四化工厂”，累计消除重大危险源近40个。

（来源：2023年5月9日《中国应急管理报》新闻《以风险防控为核心　靠解决难题提能力——中粮集团安全生产专项整治三年行动综述》的导语）

（三）主体

应急管理通讯的主体是通讯的主干、中心部分。它承接导语，对导语里采用的事实，主体部分必须加以说明、补充，对导语提出的问题，主体部分要运用事实材料加以回答、解决。主体部分围绕主题具体展开新闻的事实和内容，用足够的、典型的材料表现主题。主体内容一般较多，通常用平行的小标题分角度或分层次来叙述。

在通讯主体写作中要注重新闻感觉化，让读者、听众或观众能够用听觉、视觉、嗅觉、触觉、味觉等接受和感知新闻报道刺激。这种刺激能够给读者带来愤怒、悲伤、压抑、快乐、愉悦等感觉。运用记者或新闻事件目击者的全部感官，去抓取微小的、具体的细节，给故事赋予生命，尤其要充分运用视觉效果，使通讯报道视觉化。电视通过摄像记者的镜头拍摄的画面呈现视觉化效果，广播通过声音刺激听众想象把受众带到新闻现场，而印刷媒体通过文字缩短读者与现场的距离。电视、广播和报纸的新闻报道分别在受众中可产生视觉映像、听觉映像和文字映像。因此无论来自哪一种媒体，只要记者充分摄取现场的画面、声响并转达出来，都会给读者产生巨大的冲击力。

通讯作品要更感染人、更有说服力，主体部分不能是流水账式地塑造人物或事件，也不能是使用笼统的概念性的语言简单地罗列，而是应选择能揭示新闻本质的现场细节并精准描述。细节是每一个新闻作品之所以不同于别的作品的最独特之处。最能抓住读者的细节是某个画面、观点或者某些有特点的引语。

（四）背景

应急管理通讯的背景是指应急管理通讯所报道事实的历史情况和环境条件。通讯使用的背景材料一般有三类：对比性的、说明性的、注释性的。交代背景要扣紧主题，不能节外生枝，喧宾夺主；可以集中叙述，也可以适当分散。背景材料没有固定的位置，一般放在主体中，也可放在导语和结尾部分。

（五）结尾

结尾一般是通讯最后一句话或者一段话。有的通讯已经把事实说清楚了，就不需要结尾。常见的结语方式有：对全文内容作概括性小结；用带有启发、激励性的语言作结束；对新闻事件的发展趋势做出预测，引起人们的关注；根据所报道的事实，提出值得深思的问题，让读者深入思考。写不写结语，根据需要而定，不要强安"尾巴"。

【实例分析 1】

浩气存天地　忠魂动山河

——追忆应急管理系统英烈

一个有希望的民族不能没有英雄，一个有前途的国家不能没有先锋。党的十八大以来，习近平总书记高度重视党和国家功勋荣誉表彰工作，以实际行动追忆历史、缅怀英烈，彰显崇尚英雄、学习英雄、关爱英雄的价值引领，汇聚起实现中华民族伟大复兴的磅礴力量。

于危难时刻见忠诚，于生死一线显担当。应急管理系统英雄辈出、浩气凛然。应急管理部组建以来，全国应急管理系统共有 230 人因公牺牲，其中 80 人被评定为烈士，2022 年有 53 人因公牺牲。

魂断最是春来日，一齐弹泪过清明。在这特殊的日子里，我们慎终追远，寄哀思于赤胆忠魂。在这特殊的日子里，我们缅怀英雄，也于永立的丰碑前汲取保民平安、为民造福的强大精神力量。

追忆　丰碑永屹天地间

一寸山河一寸血，一抔热土一抔魂。英雄，是中华民族的脊梁。

2022 年 10 月，湖南省永州市新田县发生森林火灾，因为火势较大，四川省森林消防总队 861 名消防救援人员星夜兼程、千里驰援。阿坝州支队汶川县大队汶川县中队消防员蔡茂强便是增援队伍中的一员。

在"5・12"汶川特大地震中，9 岁的蔡茂强被武警战士从废墟中救出。被人救过的他，发誓要救更多的人。毕业后，他选择加入国家综合性消防救援队伍，扛起光荣旗帜，担当神圣使命。

在新田县森林火灾扑救过程中，蔡茂强再一次挡在了火龙与村庄之间。火烧迹地出现复燃，火苗迅速上蹿，十几秒后突发爆燃，掩护地方扑火队员撤离的蔡茂强身受重伤，经全力抢救无效，不幸壮烈牺牲。

他的理论学习笔记本中记着这样一段心得：有信仰才能有干事创业的担当，才能在面对困难和挑战时不被压垮，时刻把人民的利益放在心中是我们这支队伍的职责所在。

常思奋不顾身，而殉国家之急。英雄们以信仰为光，照亮前路；以誓言为马，让家国情怀熠熠生辉。

2022年8月2日，内蒙古自治区锡林郭勒盟正镶白旗明安图镇突降大雨。洪流聚集，水势凶猛。作为正镶白旗应急管理局分管自然灾害救助工作的副局长和自然灾害股股长，薛强和张卫东深夜紧急携部分应急装备赶往灾区。

车行至省道S222线乌宁巴图嘎查路段时，暴涨的洪水瞬间冲上两米高的路基，薛强和张卫东乘坐的救援车辆被冲翻，二人被洪水卷走……道别成永别，誓言却铿锵，当地的牧民都知道——党派来救我们的两个小伙子，为了我们牺牲了。

2022年5月，云南省文山壮族苗族自治州多地遭遇暴雨袭击，单点降雨量达到150毫米。得知两名村民被困，该州丘北县应急管理局四级主任科员李新文、文秀路消防救援站三级消防士汪磊立即前往处置。在抢险救援过程中，途经的混凝土桥突然垮塌，他们的生命永远定格在那一刻。

英雄并非生而英勇，却是主动选择无畏。汪磊的队友们还记得，2018年，大家一起拍新年照片时，他肩扛消防斧，许下心愿：出警多少兄弟，就回来多少兄弟。

我们不会忘记，历史会永远铭记——在门面房发生火灾，急需开展可燃气体检测时挺身而出的龙耀瑾；牺牲当天多次出入火场，救出数名群众，灌了口水又冲进火场，却再没出来的毛景荣；生前荣立个人三等功1次、受嘉奖7次，每月默默捐款资助偏远地区儿童的万惠文……他们都于2022年离我们而去。

面对滔滔江河、滚滚热浪，身处应急管理改革发展的时代洪流，应急管理系统英雄们把生命举过头顶，把誓言刻进心底，夙兴夜寐、难中求成，无愧人民、无愧时代，镌刻出一座座不朽的精神丰碑。

缅怀 烈烈风骨永传承

应急管理系统壮烈牺牲的同志们，把最宝贵的生命融进了祖国的山河。缅怀那些坚毅果敢的身影，我们总会感慨，当一位英雄远去，总有一种精神力量勃然而生。

我们不会忘记，那些“苟利国家生死以，岂因祸福避趋之”的毅然决然——

2019年3月30日，凉山垂泪，邛海含悲。在那场“石头都烧炸了”的四川木里森林火灾中，危险显而易见，英雄却毫不退缩。与火魔鏖战的过程中，受风力风向突变影响，突发林火爆燃，瞬间形成的巨大火球让27名森林消防员英魂长眠。

我们不会忘记，那些“一腔热血勤珍重，洒去犹能化碧涛”的英勇无畏——

2020年7月22日，受持续强降雨影响，安徽省庐江县同大镇石大圩突发漫堤决口，4个村庄、5.8平方公里被淹，6500余名群众被洪水围困。万分危急之下，庐江县消防救援大队政治教导员陈陆跳上首艇，担当“开路先锋”。他转战5个乡镇，历经600余公里，与队友一起成功转移救援2600余人。在决口突然扩大之时，他所乘橡皮艇被卷入激流，不幸牺牲。

我们不会忘记，那些“黄沙百战穿金甲，不破楼兰终不还”的全力以赴——

2021年“五一”假期，连续奋战的湖南省浏阳市应急管理局党委副书记、局长陈建，不幸倒在前往工作岗位的途中。24小时在岗在线、殚精竭虑扭转当地烟花爆竹安全被动局面的陈建，以服务者、创新者、奋斗者的姿态，书写了无愧于党和人民的忠诚篇章。

我们不会忘记，那些“莫遣只轮归海窟，仍留一箭定天山”的锐不可当——

2023年3月10日，广东省湛江市坡头区坡头镇塘博村发生火灾，两名群众被困。经现场侦察发现，火势正处于猛烈燃烧阶段。面对浓烟、高温，作为搜救组成员的湛江市霞山区工农消防救援站消防员黄进波毅然挺进建筑内部，全力搜寻被困人员，突遭意外壮烈牺牲。

魂魄托日月，肝胆映河山。单玉厚、冯坪坪、李忠魁、杨俊志、杨栋、闫亚隆、李铁、刘磊……当考验摆在面前，英雄们留下了鞠躬尽瘁的背影；当生死摆在面前，他们矢志前行，做出了艰难而伟大的抉择。

弘扬　信仰照亮新征程

因他们，山河锦绣万民平安。

因他们，信仰不灭力量不竭。

英雄是鲜活的价值观，是有形的正能量。在应急管理部党委领导下，全系统建立完善应急管理系统烈士和因公牺牲人员遗属抚恤优待制度，建立常态化的关怀机制。同时，在积极作为、真诚奉献、奋力推进应急管理事业改革发展等各个岗位上，及时发现掌握不同层次、不同类型的先进典型、英模人物，大力营造挖掘培育典型、表彰奖励典型、关心爱护典型的浓厚氛围。

全系统始终将英雄的精神作为宝贵财富，鼓舞激励系统人员继承先烈遗志，传承英雄精神。

春节前夕，应急管理部党委同志看望、慰问烈士家属成为常态。

在清明等重要时间节点，应急管理系统广泛组织传承英烈遗志的纪念活动。应急管理部政府网站、新媒体平台广泛开展线上祭英烈活动。国家综合性消防救援队伍走访慰问烈士家属。

在上海消防烈士纪念园，消防员以及社会团体、普通市民，经常会在英烈墙前聆听一段英雄事迹，庄重地献上鲜花。

在河北，本省户籍的消防救援人员和烈士、因公牺牲消防救援人员、病故消防救援人员遗属的家庭，悬挂起“消防救援人员之家”光荣牌。

在广东省广州市消防救援支队，“文庆学”“姚携炜”两个烈士班将烈士精神发扬光大，引导消防员永葆英勇顽强、不怕牺牲的战斗作风。

……

“救”是应急部门的主责主业，只要有一丝希望，救援人员都会尽百倍努力。而保障救援人员安全，同样也是应急管理部党委高度重视的工作。

提高装备现代化水平、组织开展实战化练兵、加强遂行任务的组织指挥……围绕科学安全救援，队伍全方位提能力，随时做好打大仗、打硬仗的准备。

“各级消防救援队伍和安全生产等专业救援队伍要争分夺秒抢救被困人员，同时确保自身安全。”今年全国应急管理工作会议再次强调科学救援、安全救援。

面对地震、山洪等自然灾害救援及安全生产事故救援，应急管理部党委书记、部长王祥喜多次叮嘱救援人员，在全力开展搜救的同时，一定要坚持科学救援，做好自身防护。

赓续　英雄的旗帜高扬

最好的纪念是传承，最高的致敬是奋进。

整装出发，走他们未能走完的路——

1990年出生的内蒙古自治区呼和浩特市玉泉区南二环路消防救援站站长巴特尔，父亲是壮烈牺牲的消防烈士。家人许党报国的思想情怀，让“使命重于生命”的信念扎根巴特尔心底。17岁那年，他选择加入消防队伍。入伍后，本有机会留在机关的巴特尔，毫不犹豫地选择像父亲一样，到基层当一名消防员。2022年，凭借出色的成绩，巴特尔当选党的二十大代表，同年被授予全国“人民满意的公务员”称号。

砥砺前行，做他们未能做完的事——

2020年12月15日，河南省兰考县应急管理局党委书记、局长雷天波因公殉职。河南省应急管理厅党委作出决定，在全省应急管理系统持续开展向雷天波同志学习活动，发扬他“孺子牛”“拓荒牛”“老黄牛”精神，真抓实干，埋头苦干，全力开启河南应急管理事业新征程。在一次追忆活动中，兰考县安全生产执法大队四中队中队长李傲腾动情地回忆道：“他以焦裕禄同志的‘三股劲’，带领我们啃下一个又一个硬骨头，攻克一个又一个难关，是我们终身学习的榜样。”

接续奋斗，完成他们未完成的事业——

“英雄母亲”罗小双的儿子管志彦是一名消防烈士。儿子牺牲后，罗小双化悲痛为大爱，尽最大努力当好消防宣传员。与温州市消防救援支队结对后，大家都称呼罗小双为“管妈妈”。“管妈妈”也将消防员们当作自己的孩子，每逢节假日，她都会走进消防队和“消防儿子”们叙家常，帮他们洗衣服、晒被子，为他们包饺子。

先烈回眸应笑慰，擘旗自有后来人。新征程上，英雄们用热血点燃的信念之火，必将照亮后人前行的路。我们将坚决扛起防范化解重大安全风险的政治责任，坚定担当我们这一代人的历史使命，为全面建设社会主义现代化国家、全面推进中华民族伟大复兴，为把我国建设成为富强民主文明和谐美丽的社会主义现代化强国不懈奋斗！

（来源：2023年4月6日《中国应急管理报》）

评点：

本则通讯的特点如下：

第一，此通讯为应急管理人物通讯，报道了应急管理系统典型人物群体，反映其行为、事迹和生活，再现其精神境界。

第二，此通讯注重思想意义，不仅用事实说话，还用细节、用形象说话。如“于危难时刻见忠诚，于生死一线显担当。应急管理系统英雄辈出、浩气凛然。应急管理部组建以来，全国应急管理系统共有 230 人因公牺牲，其中 80 人被评定为烈士，2022 年有 53 人因公牺牲。”

第三，通讯采用复合型标题。主题“浩气存天地　忠魂动山河”为虚题，突出了通讯所要传递的思想，副题“追忆应急管理系统英烈”为实题，概括通讯的主题。

第四，此通讯采用了横式结构与递进结构相结合的方式。横式结构方面，把发生在不同空间、不同方位的事实进行串联，以多侧面拼接的形式进行安排；递进结构方面，报道的主题精神从“追忆－缅怀－弘扬－赓续”层层递进。

第五，语言生动，随主题的需要而表述，有很强的艺术色彩。如“一寸山河一寸血，一抔热土一抔魂。英雄，是中华民族的脊梁。”“因他们，山河锦绣万民平安。因他们，信仰不灭力量不竭。”

第六，故事化的处理方式。本文在描述应急管理系统英烈时，给每一个文中出现的人物都进行了故事化的描写。如在描写“英雄母亲”罗小双时，描写她当好消防宣传员，也将消防员们当作自己的孩子，帮他们洗衣服、晒被子，为他们包饺子等事迹。通过较为详实的故事描写、细节描写，更好地表现出人物品质和精神，十分打动读者。

【实例分析 2】

山东青岛以安责险为纽带，将政府监管与保险预防、市场服务有机结合

事故预防服务费用不低于保费的 20%

5 月 12 日，山东省青岛市举行“政保双联”服务企业座谈会，应急管理部门、属地镇街、保险机构和 60 家机械、橡胶企业代表参加。座谈会上，保险机构向属地镇街、企业分别提交了区域性风险分析报告和“一对一”诊断报告。

近年来，青岛市大力推动安全生产治理模式向事前预防转型，持续构建“政保双联”工作机制，用安责险凝聚政府、保险、企业、专家合力，共同推动双重预防机制建设。今年以来，保险机构累计为 2 787 家次高危企业提供专家指导服务，覆盖员工 11.67 万人次。

把好设计关，让治理内容更加规范

该市出台《青岛市推动安全生产责任保险服务企业事故预防工作实施办法》，健全安责险管理制度，确保事故预防服务科学规范、有章可循。

该市将安责险事故预防服务费用列支比率从多数城市现行保费的 10%至 15%，提高到不低于保费的 20%，促使保险机构增加用于风险防控服务的费用，用于开展风险评估、隐患排查等。

该市将安责险事故预防服务规定动作从“6 选 1”改为“6 必选”，保险机构一个保险周期内至少为企业提供一次风险评估、每季度至少开展一次隐患排查、每年开展两次全员培训

等，做到季度有检查、半年有总结、年底有盘点，服务的频次、内容均应符合企业安全生产规律和特点，确保能兜住“安全底”。

安责险保险机构还推出了个性化、定制化“服务套餐”：开展风险防控服务前，安全专家和企业负责人进行充分沟通，了解企业的安全需求；服务过程中，专家利用至少半天时间查现场，帮助企业查缺补漏，提出设备设施更新改造建议；之后，专家会跟进指导整改，根据企业特点制定“一对一”安全生产指导手册，便于员工自查自管。

在青岛茂祥橡胶有限公司，企业负责人组织员工认真学习保险机构提供的安全生产指导手册，讨论分析企业的风险点和管控措施。“这不仅有益于我们辨识、查找风险隐患，而且有助于提升员工的岗位操作能力。”该公司负责人说。

今年全国两会期间，保险机构为该市560家重点企业提供“保险＋专家”查隐患服务，全力护航重点时段安全生产工作。

打好组合拳，让治理体系更加多元

通过持续完善工作机制，统筹多方力量，该市正着力推动安全生产治理由“政府＋企业”二元结构向“政府＋保险＋专家＋科技”多元模式转变。

该市开展“政保双联”专项行动，制定包含11项任务、23项重点工作的清单，编制“1总则8细则”技术规范和“1＋X”差异化服务指南，为3000家次非投保中小微企业提供免费会诊服务，形成集规范化、市场化、服务性于一体的安责险事故预防工作体系。

3月17日，保险公司聘请的专家来到崂山区王哥庄街道一家橡塑小微企业开展诊断服务，检查中发现该企业配电箱缺少柜体保护。“在生产作业过程中，粉尘物料有可能进入配电箱，带来用电安全隐患。”专家向企业负责人解释，并给出了整改方案和专业性建议。这是该市开展“暖冬惠企”公益活动中的一幕。

该市于2022年12月20日至2023年4月30日开展了“暖冬惠企”公益活动。在活动中，政府部门和保险机构联合组建200人的工作队，累计为1159家非投保中小微企业提供“一对一”会诊服务，帮助查找安全隐患3795项。同时，工作队为企业量身定制了安全生产指导手册，向属地镇街提交了区域性风险报告，帮助企业解决了一批安全生产难题。例如，在青岛连山铸造有限公司，安全专家协助企业安全员对机加工车间、铸造车间进行隐患排查，现场讲解如何规范铸造施工现场、电焊作业安全管理，边检查边培训，帮助企业提高隐患查改能力。

该市在国家规定的八大高危行业领域基础上，试点将危险性较大的粉尘涉爆、涉氨制冷“两涉”企业和公众聚集场所电梯纳入安责险保障范围，33家试点企业风险减量成效明显，带动312家“两涉”企业主动投保安责险。在此基础上，该市探索以“主险＋附加险”的模式统筹安责险、灾害民生险等险种，将保费集中起来，实现统筹互补，为企业安全提供多重保障，使保险在更广领域、更深层次参与安全生产治理。

练好绣花功，让治理基础更加牢固

该市在推广安责险上下“绣花”功夫，综合施策、多点发力，以安责险扩面提质助力打实打牢事故预防基础。

该市建立安全生产责任保险试点工作联席会议制度，开展保险承保机构和能力联合核查，整合服务资源，形成责任共保体，通过规模效应降低服务成本，增强赔付保障能力。目前，已有中国人民保险集团股份有限公司、中国人寿财产保险股份有限公司等 13 家保险机构在青岛开展安责险业务。

该市制定专项工作方案，积极向企业宣讲政策、解答疑虑，并对投保的高危企业进行保费额 40% 的补贴，以提高企业主动投保意愿。补贴由市区两级财政支出，2018 年至 2020 年，市区两级财政共补贴 828.23 万元。特别是在新冠疫情影响期间，该市连续三年通过实施奖补、延长服务期限等办法，减轻民营企业及小微企业负担。

在此基础上，该市开发了安责险信息化数据平台，实现政府部门、保险机构和投保企业数据互联互通。通过登录手机 App，企业可实现全过程线上投保，政府部门、保险机构可对隐患整改、风险管控、安全培训等服务项目进行跟踪管理。另外，该市还利用信息化数据平台开展线上安全培训 21276 家次，线上答复咨询问题 756 家次。

以安责险为纽带，该市将政府监管与保险预防、市场服务有机结合，推动安全生产治理方式实现"三个转变"。

——保险机构由事后赔付向事前预防转变。该市加强对事故预防服务的监督管理，每年对事故预防服务组织一次评估，运用限期整改、纳入"黑名单"等措施，严查服务内容缺失、弄虚作假等行为，推动保险机构将工作重心转向事前预防。

——企业主体由事故应对向风险减量转变。保险机构以"人的不安全行为"为切入点，抓住企业"关键少数"，累计开展企业主要负责人安全培训 5565 人次，重点解决"不想干""不会干"问题，协助企业把安全生产工作重点放在风险管控上。

——政府部门由行政手段向优化服务转变。该市积极发挥安责险在优化营商环境、服务企业安全方面的作用，特别是优化调整疫情防控措施、企业集中复工复产以来，协助 300 家工贸企业开展双重预防机制建设，为企业提供专业务实的安全保障。

（来源：2023 年 5 月 17 日《中国应急管理报》）

评点：

本则通讯的特点如下：

第一，此通讯为应急管理工作通讯，山东青岛以安责险为纽带，将政府监管与保险预防、市场服务有机结合推动事故预防机制建设的情况。

第二，通讯采用复合型标题，引题"山东青岛以安责险为纽带，将政府监管与保险预防、市场服务有机结合"为实题，概括出了推动事故预防机制建设的主要方法，主题"事故预防服务费用不低于保费的 20%"为实题，用数据说出了青岛市推动事故预防机制建设的经济投入。

第三，此通讯采用纵式结构，文章前后都围绕"推动事故预防机制建设"这一主题，从治理内容、治理体系、治理基础等层面深入展开描述和说明，让读者对青岛市推动事故预防机制建设这一工作有了清晰、全面、深入的了解。

第四，通讯的小标题形象、工整且主题鲜明。如“把好设计关，让治理内容更加规范”“打好组合拳，让治理体系更加多元”“练好绣花功，让治理基础更加牢固”，用了“设计关”“组合拳”“绣花功”等形象的文字让本来纯分析描述的文字有了生动的气息。

第五，此通讯注重用数据说话。如“今年以来，保险机构累计为 2 787 家次高危企业提供专家指导服务，覆盖员工 11.67 万人次。”“该市于 2022 年 12 月 20 日至 2023 年 4 月 30 日开展了‘暖冬惠企’公益活动。在活动中，政府部门和保险机构联合组建 200 人的工作队，累计为 1 159 家非投保中小微企业提供“一对一”会诊服务，帮助查找安全隐患 3795 项。”文章前后多处用数据说话，有理有据，事实可信。

第四节　应急管理调查性报道

一、应急管理调查性报道的概念

调查性报道是指以调查为手段，揭露某些新闻事件的真相、某些社会问题本质的报道。在美国，调查性报道又称为揭丑报道，专门揭露政府和公共机构中的腐败行为和丑闻。早在 18 世纪后半期，报业大王普利策就主张“有力的写作和讨伐性新闻”，强调报纸应该揭露贪污腐败。在他的鼓吹下，不少记者都热衷于揭露社会的阴暗面。1972 年，《华盛顿邮报》的记者罗伯特·伍德沃德和卡尔·伯恩斯坦根据在水门办公大楼里发生的一宗普通入室行窃案中发现的线索，一直追踪到白宫，新闻报道引入了国会的调查，最终导致尼克松总统的辞职。“水门事件”不仅成为美国人政治生活中的一个重大事件，而且对该事件的充分调查与报道方式一时间风靡整个美国新闻界。可以说，调查性报道的声望在“水门事件”中达到了顶峰。在我国，调查性报道有些是作为内参的形式出现，有些则公开发表于媒体。

应急管理调查性报道着重报道应急管理领域社会现象、剖析社会问题。也有人把它称为“社会观察通讯”，或者“新闻观察”“纪实报道”“问题报道”“社会大特写”等。由于这种报道形式的目的在于揭示“面”的全貌，在写作手法上要用点面结合的方式。

应急管理调查性报道可分为突发事件类调查报道、专题问题类调查报道。突发事件类调查报道是指媒体针对新近发生的具有重大影响力的突发事件进行的深度挖掘和真相调查。它是一种对动态问题的调查报道，也是目前调查性报道的主流。专题问题类调查报道是媒体针对某一专题问题，包括社会热点、难点、疑点、焦点问题进行的深度调查性报道，是一种静态问题的调查报道。这类报道能够最充分地实现公众知情权，为公众提供解疑释惑的服务。

二、应急管理调查性报道的特点

（一）调查的自主性

调查性报道需要新闻媒体进行独立调查。调查性报道离不开社会有关方面提供情况，但又不能完全依赖有关方面提供的情况，必须自主调查。原因在于，一些复杂事件本身可能涉及社会的方方面面，他们之间有可能是利益的整体，还有可能是隶属关系，因此这些人员或者部门提供的材料很可能是已经经过加工的事实。但凡大量使用有关部门调查材料而形成的报道，就不能认定为调查性报道。我国一些较为重大的批评性报道，大多是在内部处理已经得到结论的情况下才开展的，在这种情况下，记者获取材料不必做艰难的调查，只需得到上级有关部门的准许，如《渤海二号钻井船翻沉事故说明了什么?》。有些事件不仅没有有关方面主动提供线索，相反还被刻意隐瞒。调查性报道要求记者艰苦调查，多方印证，层层挖掘，步步深入，才能把被掩盖、被遮蔽的事实发掘出来，公布于世。

（二）关系国计民生

调查性报道关注的选题具有公共性，公众所关注与感兴趣的难点、疑点、重点、焦点问题或者关注范围广的热门话题等，往往都是调查性报道选择的材料，如食品安全、环境污染、利益分配、社会保障、医疗改革、房价调控、教育公平、突发灾难等。通过新闻调查，挖掘新闻背后的新闻，事实背后的事实，剖析事理，切中时弊，直逼要害，能起到振聋发聩的作用。2009 年 2 月，广州市近百人因吃猪内脏而致腹痛腹泻。卫生部门的检验结果显示，元凶就是“瘦肉精”。2011 年 3 月 15 日，中央电视台《每周质量报告》栏目组制作的《“健美猪”真相》专题报道，揭露了“瘦肉精”惊现市场的骇人听闻的内幕，在新闻频道播出后引起公众的强烈关注，从而维护了公众利益和公共食品安全，实现了报道价值。1992 年 2 月 24 日，《中国消费者报》刊登了《生命在呼唤——来自使用家用燃气快速热水器致死事故的报告》，对于当时大量使用的直排式热水器存在严重安全问题做了全面的报道，由此在业内掀起了一场“直排式热水器是否应该被淘汰”的讨论，无数的家庭因此而避免了这枚“定时炸弹”的威胁。这篇报道获中国产业报协好新闻三等奖、全国维护消费者权益好新闻作品奖。1997 年，中国五金制品协会通过国家技术监督局向国务院呈递了一份报告，认为由于直排式热水器技术水平比较低，危险隐患严重，建议将其淘汰。不久，国务院将直排式热水器列入了产品淘汰目录，开始在全国范围内停产淘汰该产品，更安全的强排式热水器开始逐步走进千家万户。

（三）监督对象的特殊性

调查性报道的监督对象是特定的权力集团与资本集团，而不是普通公民的不适当行为。中央电视台新闻调查《罪恶的陷阱》报道了我国历史上最大的走私案——厦门远华走私案，涉及海关、公安、边防、商检和地方政府县处级以上领导干部 100 多人，其中包括省部级高官数人以及厅局级领导干部数十人。2012 年 12 月 16 日，宁波市一栋建成才 23 年的居民楼倒塌，致两人被埋，其中一人死亡。新华社记者前往事发地调查采访，写成调查性报道《三问宁波建成仅 23 年就倒塌的居民楼》。连续就“预警长达两小时，为何还有伤亡?”“楼房建成仅 23 年，怎么就倒塌了?”“居民近几年数次反映安全问题，为何没及时处置?”等问题对相关责任人进行问责。

（四）调查的复杂性

调查性报道所调查的新闻事实，一般都涉及复杂的对象、复杂的因素、复杂的权力背景甚至复杂的法规政策等。调查性报道要充分考虑事件的时间、人物、动机、性质、过程、影响、意义、方式、情节、细节等。有的事件时间跨度大，从数十天到数十年，涉及范围广，涉及各个相关部门和相关领域；有的事件本身极为复杂，事中有事，犬牙交错。在搜集到的材料中，说法繁多，需要进行再次求证的材料多，甚至存在作伪证、说假话的情况。调查性报道的主要对象是损害公众利益的事件和行为，如重大灾难性事件、重大渎职性事件、重大违法事件等，还要追究相关人员的责任。行为人会千方百计掩盖自己的行径，给调查记者制造种种假象。2001 年 7 月 17 日，广西南丹发生了特大井下透水事故，造成 81 人遇难，当地政府官员竟隐瞒不报。矿难于凌晨发生在与外界隔绝的垂直达深度 700 多米的矿井底下，事故矿井已灌满积水而无人可达，但矿主已与南丹县委及县政府主要负责人达成"攻守同盟"，所有矿难死难家属又都已获得高额"经济补偿"并被威胁封口。如果没有《南国早报》等媒体记者的揭露，那些死难矿工就很可能永远冤沉水底了。

（五）调查的风险性

调查性报道由于具有伸张正义的性质，必然对某些利益团体、权势的人物或带有黑社会性质的犯罪团伙形成挑战。许多新闻实践证明，相当多的调查性报道是记者克服重重阻力或是在冒着生命危险的情况下才得以完成的，甚至为此付出了沉重的代价。《人民日报》驻广西记者站原站长郑盛丰回忆南丹矿难的采访过程："当时我们面对的，既有南丹矿难责任矿主及其黑恶势力的威胁，也有与此有着'一损俱损'利害关系的数十个矿老板结成的同盟力量的障碍；既有当地（包括县、地两级）参与合力隐瞒的一批官员的故意作对，也有远在南宁和北京的一些关联力量施加的巨大压力！在南丹，曾有人扬言要炸掉我们记者站办公楼！在南宁，曾有人在自治区最重要也最庄重的会议上对我们拍案破口大骂，公开放话说要把记者站站长调离广西。"此外，调查性报道还常常面对法律风险，如侵害名誉权、隐私权、肖像权、人格尊严、信用权，非法采集新闻等，要想规避风险，就要以合法的方式采集新闻，在写作时公正写作、公正评论，同时注重证据的搜集、核实和保存。

三、应急管理调查性报道的写作要求

（一）客观性原则

调查性报道通常以第一人称叙事或中性叙事，记者可以是叙事中的一个人物，直接把本人的调查经历写入调查性报道，也可以不在文中出现，而是作为一个中立的全知者在报道中出现，通过对言语和背景描写的中立安排，反映调查的全过程。在报道中，要注重呈现采访素材的原始形态，在行文中展现调查过程及记者的所见所闻。调查记者不需要对调查材料做过多的加工整理，也不必过多对事件发表评说。要注意多运用采访对象的原话，以减少记者的主观性叙述，这样不但增添了调查性报道的真实性，而且也是保护调查记者的一个有效手段。调查性报道的语言讲究朴实无华，不宜过分渲染情感，记者要通过对事实全面、细致、准确的叙述，运用事实本身的力量去感染和打动读者。在写作过程中多用动词，少用形容词和副词，力避主观臆测。

（二）准确性原则

调查性报道重视“原始证据”和第一手证据，避免使用二手证据，不使用来源不明的信源和没有经过核实的信息。记者必须现场调查采访，接触核心当事人，掌握第一手信息，对于文中需要引证的部分，要做到数据准确、解读权威。当记者对事实没有把握时，要进行详细核实，同时要向专业人员请教。除了那些需要保护信源身份的群体外，其他所有信源都要在报道中指出其准确的身份。2004 年《新京报》在《回望吕日周长治之治》的采访报道中，派出两名记者历时两月辗转五地采访数百人。不仅如此，最后成稿也用了一个月的时间，编辑记者核实每一项信息，对稿件反复修正。

（三）小心假设，大胆求证原则

调查性报道对采访有近乎苛刻的要求，不仅要通过采访搜集到真实可靠的材料，而且要对材料的真伪加以判断、甄别，通过概念、判断、推理和论证等手段展示事实真相。因为调查性报道绝大多数具有揭丑性质，采访记者往往无法得到能直接证明真相的充分而完整的信息，只能靠多方努力，从相关人士处获得揭露真相的零散线索，这就决定了其写作材料上具有碎片化特征。记者需要用清晰的逻辑思维，用一条科学缜密、环环相扣的证据链，把各种渠道取得的碎片化素材整合成完整的新闻作品。

（四）坚持平衡原则

由于调查性报道选材具有特殊性，卷入新闻事件的个体常常充斥着利益纠纷和对立，他们总是站在自己的立场讲话，比较感性和主观，有时候更需要新闻记者采访了解各方面意见，再通过对比进行分析、判断。平衡原则意味着记者要听取事件相关各方声音，包括当事人、学者专家以及政府部门等，让不同的意见都有说话的机会，尤其是意见对立的人。2004 年 5 月 8 日，《新京报》对湖南嘉禾拆迁事件进行报道，尽管这则报道是对行政权力泛滥的淋漓披露，但是记者在文中也运用了平衡原则，既有对拆迁户的采访，也有对拆迁方的介绍和解释。

【例文】

央视大火案详情首次披露　消防系统故障隐患重重

央视大火案的审判将拉开帷幕，原央视新址办公室主任徐威等 21 名被告人将逐一“过堂”。连日来，本报记者调查获悉，央视大火案中，除已经公布的火灾事故直接原因外，还有六大间接原因，其中暴露多个部门存在监管不力。此外，在失火前，起火大楼消防设施因多重故障，未能完全发挥作用，灭火困难或助推大火迅速将整楼吞噬。

部门领导为热闹擅自决定放烟花、多个责任单位和个人无人质疑烟花公司资质、危险品进工地被大开绿灯、交警的劝阻被回绝。所有被告人的供述串联起来揭示：此场大火虽因烟花而起，但实为人祸。

35 万烟花 10 万回扣，为热闹要放花 20 分钟

根据检方指控，擅自决定在央视新址施工区内燃放烟花的是央视新址办主任徐威。

徐威称，早在 2008 年 12 月份的一次总经理例会上，他就提出在元宵节组织本部门同事聚餐并放烟花。“大家辛苦一年了，一块儿吃顿饭，饭后燃放烟花热闹一下，来年努力工作。”对此决定，徐威说：“我认为就是部门的一个聚会，就没有向上级报告。”

2009 年 1 月初，徐威给北京大新恒太传媒科技发展有限公司总经理沙鹏打了个电话，让他联系烟花公司，元宵节的时候要在新台址放烟花，“要燃放一些比较漂亮的烟花，要大型的，不要自己家放的那种”，并要求燃放时间在 20 到 25 分钟左右，保证安全。

身为朋友和业务合作者的沙鹏爽快答应。他随后通过一同与央视有业务往来的朋友李小华联系了北京烟花经销者宋哲元，宋哲元又联系了湖南浏阳三湘烟花公司业务经理刘发国。刘发国说，宋哲元在介绍沙鹏时说他是央视的沙总。

央视保卫处曾下禁放令

……

2009 年 1 月 19 日，中央电视台办公室保卫处下发了《关于春节期间禁放烟花爆竹的通知》，通知要求：根据北京市政府规定，我台属八种禁放烟花爆竹场所之一，春节期间，台院内、台后宿舍区及台周边禁止燃放烟花爆竹。

对此，徐威向办案人员表示，新台址办也许收到过该通知，但他没有看到过，不清楚新台址不能放烟花，也不知道燃放的烟花规格。

……

烟花总价为 35 万元

对于此次烟花的价格，外界一直比较关注。据新址办内部传言，这次烟花价值高达百万元。但据沙鹏和刘发国供述，烟花价值实为 35 万元。

……

记者了解到，至火灾事故发生，35 万元尚未结账。刘发国对办案人员说，作为中间人的宋哲元，将可以从中提 10 万元左右的好处费。

资质问题无人过问

除了没有关心烟花的价格，徐威承认他对烟花公司的相关资质也未关心过。

……

而为了赚钱的刘发国，更没有质疑央视新址办是否办有 A 类烟花燃放许可手续。

烟花进工地没人管

2009 年 2 月 3 日，刘发国租用厢式货车运送烟花……进入场地时未被任何人阻拦。

……

交警叫停烟花被拒

……

六大间接原因首次曝光

2010 年 2 月 10 日，经国务院第 99 次常务会议同意后，国家安监总局公布了央视新址文化中心“2·9”特别重大火灾事故调查处理情况，认定该事故是一起责任事故。次日，国家安监总局在一份文件中认定，“2·9”事故发生除直接原因外，还有六大间接原因。

直接原因

央视新址办违反烟花爆竹安全管理相关规定，未经有关部门许可，在施工工地内违法组织大型礼花焰火燃放活动，在安全距离明显不足的情况下，礼花弹爆炸后的高温星体落入文化中心主体建筑顶部擦窗机检修孔内，引燃检修通道内壁裸露的易燃材料引发火灾。

间接原因

一、央视新址办违法组织燃放烟花爆竹，对文化中心幕墙工程中使用不合格保温板问题监督管理不力。中央电视台对央视新址办工作管理松弛。

二、有关施工单位违规配合建设单位违法燃放烟花爆竹，在文化中心幕墙工程中使用大量不合格保温板。

三、有关监理单位对违法燃放烟花爆竹和违规采购、使用不合格保温板问题监理不力。

四、有关材料生产厂家违规生产、销售不合格保温板。

五、有关单位非法销售、运输、储存和燃放烟花爆竹。

六、相关监管部门贯彻落实国家安全生产等法律法规不到位，对非法销售、运输、储存和燃放烟花爆竹，以及文化中心幕墙工程中使用不合格保温板问题监管不力。

消防系统存在故障隐患，消防水屡次遭偷用

部分喷淋遇火不灵

……

2008 年 12 月 5 日至 2009 年 2 月 5 日，经施工方修理后，被泄过水的两个消火栓已恢复。但遗憾的是，直到 2009 年 2 月 9 日发生火灾时，被冻裂的喷淋管件及喷淋头未修复，无法使用。

消防栓系统内无水

更严重的是，火灾发生前，北配楼消防栓系统管道内水被放掉未灌满。

……

但未等到第二天灌水，当晚即发生了火灾。

楼内停电消防泵停运

在北京城建集团中央电视台电视文化中心工程承包部 2009 年 11 月 11 日给北京市公安局预审处《关于央视 B 标工程消防系统的情况汇报》中称，2009 年 2 月 9 日晚，安装公司值班人员发现火情后，马上将 13 层机房消防水泵打开，但火情发展迅速，安装公司人员被迫撤离。在火情基本被控制后，大约凌晨 1 点，安装公司人员与消防官兵共同进入楼内，到达

13 层消防机房内，发现消防水箱内大量的水已通过消防泵打出，但此时楼内已停电，消防泵已停止运转。

北配楼高 159 米，而消防云梯车一般只能达到 50 多米高度，消防水枪所能射到的高度也有限，消防队员冒险进入大楼，人工启动内部消防栓。红庙消防中队指导员张建勇带领官兵深入火场。通过呼叫器从楼下得知 25 层有水后，他们有人跑去放水，但压强太低，水放不出来。张建勇下令官兵往下撤，途中他将自己的空气呼吸器给被困人员戴上，自己则因吸入大量有毒气体，壮烈牺牲。

（来源：2010 年 3 月 15 日《京华时报》）

评点：

第一，本篇新闻着重报道应急管理领域烟花爆竹违规燃放引起大火造成很大影响的社会事件，并通过报道剖析火灾安全隐患问题。

第二，调查报告内容关系国计民生（火灾致使消防战士张建勇牺牲，另有多人受伤，造成直接经济损失 1.6 亿元，事故后 70 余人受到责任追究），调查对象特殊（涉及央视、多部门监理单位等），过程复杂、有风险性，从内容能看出记者是经过艰苦调查，多方印证，层层挖掘，步步深入，才把被掩盖、被遮蔽的事实发掘出来，公布于世。

第三，在内容写作上遵循了客观性、准确性原则，把事故的背景、原因等来龙去脉都一一进行了交代，呈现给读者一个完整、深入的调查报道。

第五节　应急管理新闻评论

一、应急管理新闻评论的概念

新闻评论，是社会各界对新近发生的应急管理新闻事件所发表的言论的总称。应急管理新闻评论聚焦应急管理领域，不仅是一种写作形式，更是一种传播力量，以传播意见性信息为主要目的和手段。

应急管理新闻评论是认识与意见表达的文本，它表达人们对新闻事件的判断、对新闻引发的各类社会问题的思考。一篇好的应急管理新闻评论，既反映作者认识问题、把握新闻的能力，也反映其通过大众传播媒介，有效率地表达观点的能力。

二、应急管理新闻评论选题原则

（1）重大性原则。评论涉及的事件有较大的影响力和关注度。一项重要政策出台了，或者一件重大事件发生了，大家都很关注，在报道新闻事件的同时，及时推出新闻评论，对相关政策进行解读，帮读者了解政策的重点和解决疑问，或者对重大事件进行梳理分析，引导舆论，都是很有必要的。

（2）典型性原则。评论的选题有一定的代表性和现实意义。

(3) 接近性原则。新闻评论的选题要接地气,提供给读者情感上的亲近感,或是兴趣上的亲近感。

(4) 时效性原则。新闻评论本身是一种新闻产品,这种属性决定了新闻评论必须遵循时效性的原则。新闻评论依赖于正在、新近发生或发现的事实、问题或现象。这就要求新闻评论要在事件还有新鲜感和话题度的时候,迅速亮明自己的观点,引领舆论导向。

三、应急管理新闻评论写作要求

(一) 观点鲜明

一篇好的新闻评论离不开鲜明有力的论点、准确丰富的论据、逻辑严谨的论证,这样才能呈现得更加透彻、有深度。它比一般的新闻报道更具有观点性,旗帜鲜明、尖锐热辣,一篇新闻评论反对什么、批评什么,赞成什么、表扬什么,都清清楚楚,务求一针见血、一语中的,不能吞吞吐吐、含混不清,防止讲不到根本所在。

【例文】

铲除矿难瞒报,捍卫生命尊严

瞒报安全生产事故,是对事故责任的逃避,更是对生命的亵渎,堪称采矿行业的最大"毒瘤"。它的顽固存在和难治理,与采矿行业的特点有重要关系。比如,采矿区大多地处偏远地带,矿难发生时一般只有矿企内部少数人员知道真实伤亡消息,很容易形成信息黑箱。而矿山事故发生后,出于利益和政绩考量,矿企和个别地方政府也容易达成瞒报"同盟"。不少被查处的瞒报案例中,都活跃着"内鬼"的身影。

(来源:2023 年 7 月 18 日《澎湃新闻》社论)

(二) 论证深刻

新闻评论要帮助受众解读事件,就不能浅尝辄止,人云亦云,也不能只顾宣泄情绪,缺少冷静理性的分析,而是要写出自己独特的角度,展现自己独家的洞见。在新闻时事表面现象之外,注意深入挖掘新闻事件背后的深层次原因、影响和意义。有深度就是要"敢说别人不敢说的话,会说别人不会说的话,善于说别人说不好的话。"坚持以小切口和大局观,"说出别人想说却说不出、说了却说不深、完全想不到说不出的道理"。要多变换角度思考问题,多用辩证的思维质疑和审视自己的观点。评论写作的目的是要剖析社会问题,为大众答疑解惑;揭露现实,推动某一问题的解决;针砭时弊,促进社会进步;舆论监督,行使公民的政治权利。因此,评论员也要提出一些具体的可行的建议和方案,且能在现实中有效运用。

【例文】

当好第一责任人 光“态度端正”远远不够

而对于监管执法部门来说，将这类企业负责人“一棍子打死”显然是不合适的。应该根据企业负责人存在问题的实际情况，针对性开出药方。例如，思想认识上犯了错误的，就送法律法规，让企业从法律法规方面入手开始学习如何履责；方法路径上不明确的，就送服务，帮助企业分析哪些做法是适合自己的，从而将钱花在刀刃上，确保起到立竿见影的效果；专业素质不够，查不出问题的，就送知识，推动企业从上到下全面提升安全素质，要让企业“一把手”不当安全管理“门外汉”，而是争做专家型“一把手”。

（来源：2023 年 3 月 21 日《中国应急管理报》）

（三）引人入胜

新闻评论要吸引人，就要有一定的文采。在遣词造句时注意形式上的美感，新闻评论的语言应力求有血有肉、有感情，有具体的形象，不仅能从生动形象的事实中概括、抽象出深刻的道理来，也能在评论中把这些道理形象化、具体化，从而使受众能够理解，也乐于接受。可以多用比喻、对偶、对照、排比、重叠、回环等修辞手法，使用古语、诗词、成语、名人名言、名人警句等，使这段文字骈散结合，错落有致。新闻评论的节奏和音韵要做到抑扬顿挫，铿锵有声，读起来朗朗上口。

【例文】

以高度政治责任感狠抓主汛期救灾救助工作

灾情就是命令，一线就是考场。在这关键时刻，党员干部要发挥先锋模范作用，践行救灾司“一线工作法”，在救灾救助一线彰显担当成色。我们要按照部党委要求，以最坚决的态度、最快速的行动、最有力的举措，抓紧查不足、堵漏洞、补短板、强弱项，以“时时放心不下”的警觉绷紧思想之弦，以扎扎实实的行动筑牢安全防线，坚决打好主汛期救灾救助这场硬仗，保障好受灾群众基本生活，有效维护受灾地区社会稳定大局，以实际工作成效向人民群众交上一份满意答卷。

（来源：2023 年 7 月 26 日《中国应急管理报》）

四、应急管理新闻评论的结构

（一）标题

新闻评论的标题是以醒目的形式刊出（或播出）的，用以提示文章（或节目）内容的简短形式。新闻评论的标题以简短的文字提示或标明其论题范围、主要见解、基本倾向和情感诉求，是评论内容和观点态度的高度概括和集中体现。新闻标题要做到：

1. 亮明观点，清晰明确

新闻评论的标题尽可能具体，让受众一看或听标题就知道这篇评论论述的是什么事。如果是提前观点的，也要求论点清晰明确，指向明了，不要空洞乏味，大而无当，不知所云。作为一种直接发表态度的议论文体，新闻标题要有立场、有观点、有态度，有明确的社会判断和价值判断，不能含含糊糊，模棱两可，要鲜明而简洁地表达自己独到的见解、观点，明确表达态度、倾向、意愿、价值取向。

【例文 1】

深刻汲取教训，确保人民生命财产安全

（来源：2023 年 5 月 22 日《人民日报》）

【例文 2】

对“猫鼠一窝”零容忍严惩

（来源：2023 年 4 月 11 日《中国应急管理报》）

【例文 3】

安全生产责任状岂可千篇一律？

（来源：2023 年 2 月 1 日《中国应急管理报》）

【例文 4】

“嫌吵闹调低报警声”绝不可轻放

（来源：2023 年 3 月 30 日《中国应急管理报》）

2. 生动形象，博人眼球

标题要借助新鲜的事实、生动的比拟手法、新奇的角度、鲜活的语言，生动活泼、言简意赅，引发受众阅读、收听或评论的兴趣。标题要富有新意、动感和活力，先声夺人，令人过目不忘。

写作者可以变换标题句式，有意识地把陈述句变成假设句、疑问句、感叹句，也可以直接引用或者是化用成语、俗语、谚语等，或者使用比喻、借代、双关、对照等修辞手法，不仅能使标题感情色彩大大增加，而且能使标题引人入胜。

【例文 1】

安全意识与责任岂可"坍塌"

（来源：2023 年 2 月 27 日《中国应急管理报》）

【例文 2】

莫因降水垮了"防火墙"

（来源：2023 年 4 月 3 日《中国应急管理报》）

【例文 3】

莫让隐性安全风险成为小微企业"定时炸弹"

（来源：2023 年 2 月 21 日《中国应急管理报》）

【例文 4】

执法依据"神仙打架"，听谁的

（来源：2023 年 8 月 25 日《中国应急管理报》）

（二）开头

新闻评论的开头是文章精彩的序幕，选择一个恰到好处的切入点，呈现一个好角度，方便下文反映出评论应有的思想深度和广度，并且能引人入胜。开头要给全篇文章定下一个基调，把最能激发受众情绪、最能引起受众关注的事实、观点或问题放在最前面。常见的开头方式有：

1. 开门见山，表明观点

在开头直截了当地把评论的话题和大致内容呈现给受众，使得受众在阅读或观看时能够有一个明确的针对性和方向性。

【例文 1】

针对近日发生的内蒙古露天煤矿大面积坍塌事故，习近平总书记作出重要指示，要求"举一反三，杜绝管理漏洞"。对各地区各单位来说，要按照"一厂出事故、万厂受教育，一地有隐患、全国受警示”的要求，深刻吸取教训，反思深层次矛盾问题，狠抓责任、措施落实。

（来源：2023 年 2 月 24 日《中国应急管理报》评论《举一反三，杜绝管理漏洞》的开头）

【例文 2】

历年春节过后，因人为疏忽或操作失误，导致安全事故的案例比比皆是，所以确保节后复产复工安全生产，收心很重要，同时，紧弦也有方法，不能盲目推进。

（来源：2023 年 2 月 2 日《中国应急管理报》评论《节后收心　循序渐进促紧弦》的开头）

2. 交代背景，说明动因

在新闻评论的开头部分可以交代一下与评论话题相关的背景情况，能够从新闻事件的背后揭示出评论本身的现实意义。

【例文 1】

据中央气象台预报，我国将迎来今年以来最大范围强雨雪天气。对森林防火工作而言，大范围雨雪天气可以减轻防控压力。但笔者在基层检查发现，有的一线防火人员因将要到来的降雨天气产生麻痹大意、敷衍了事的思想，甚至还认为已经入汛了，森林草原防火工作可抓可不抓了。笔者认为，这些思想的滋生将严重损害森林草原防火工作成效，当前仍是森林草原火灾春防紧要期，岂能盲目乐观。

（来源：2023 年 4 月 3 日《中国应急管理报》评论《莫因降水垮了“防火墙”》的背景材料）

【例文 2】

隐患自查自改，是企业必须练好的一项基本功。但从以往开展的安全生产排查整治行动看，有的企业对此存在讳疾忌医的心理，以致自查自改质量不高。如，有的企业自查上报的几乎全是一般隐患，重大事故隐患数量极少甚至一项都没有，即使查出来了，在上报时也是“欲说还休”“犹抱琵琶半遮面”。这样的企业数量还不少。

（来源：2023 年 5 月 23 日《中国应急管理报》评论《自查自改“查不出”可不行》的背景材料）

【例文 3】

当前是人员流动高峰期、人员换岗密集期，老员工返岗、新员工上岗，安全生产存在不少隐忧：机器设备重新启动产生的“物的不安全因素”，节后“乐不思岗”带来的“人的不安全行为”，新上岗人员不熟悉操作规程易导致“误操作”……因此，抓实安全培训尤为重要。然而，一些企业的安全生产培训，还存在“看客”心态。

（来源：2023 年 3 月 2 日《中国应急管理报》评论《消除安全培训的“看客”心态》的背景材料）

3. 引述新闻，点出论题

新闻评论可以用最新的新闻事件为由头，简要叙述该事件的经过和特点，进而引出下文。

【例文 1】

4月20日，湖北武汉市黄陂区某风景区内，两名“驴友”爬山途中不慎被困在山中，消防员紧急赶赴现场帮助二人脱困。这起事件引发人们对即将到来的假日安全的关注。

（来源：2023年4月27日《中国应急管理报》评论《严阵以待，为假日系好安全带》的引述新闻内容）

【例文 2】

在今年的央视“3·15”晚会中，景区高空项目安全带的不安全性被曝光。有媒体记者以游客身份联系了广西壮族自治区南宁市西乡塘区青瓦房古村落的工作人员，得到回应称，景区目前没有整改的考虑，因为开放6年来，使用这类安全带未发生过意外事件。

（来源：2023年3月22日《中国应急管理报》评论《为网红项目系好“安全带”》的引述新闻内容）

4. 竖起靶子，各个击破

在批驳性新闻评论中，开头可以描述一种现象或摆出要驳论的对象，尽管在开头部分不亮明观点，但是可以为立论做好准备。

【例文 1】

近日，某县安委办调度“安全生产月”活动进展情况时，发现有的单位展板上“安全生产月”的主题竟然还是2021年的，对方解释称：“每年安全月内容都一样，今年没做新的展板。”

（来源：2023年6月13日《中国应急管理报》评论《“安全生产月”主题竟是两年前的？》）

【例文 2】

在超强台风“杜苏芮”持续逼近东南沿海地区之际，多地未雨绸缪，部署开展防御应对工作。笔者了解到，所在地区某县之前存有的1.5万条防汛沙袋已腐烂，虽在备汛阶段购入5万条防汛沙袋，但沙袋却无沙，袋里空空如也。问其原因，防汛办相关负责人表示，这不在其职责范围内，是城市管理局、消防救援队伍和各乡镇（街道）要协调的事，不想管、管不了。

（来源：2023年7月28日《中国应急管理报》评论《“杜苏芮”来袭，防汛沙袋岂能“有袋无沙”》）

【例文 3】

近年来，开展跨区域应急联动越来越成为一种普遍现象。这本是好事，然而笔者注意到，有的地方将跨区域应急联动当成工作政绩，停留于协议“一签了之、再无下文”；有的地方跨区域应急联动机制严重滞后，出现高层互动少、基层互动难的局面；更有甚者，将跨区域应急联动的工作措施束之高阁，日常演练流于形式，应急物资、应急指挥等环节依旧“各自为政”。

（来源：2023 年 8 月 24 日《中国应急管理报》评论《跨区域应急联动要避免“虎头蛇尾”》）

（三）论证主体

1. 论点

论点就是评论要告诉受众的见解、观点、论断和结论，也就是新闻评论的立论。论点又分为总论点和分论点，一般较长的评论才有分论点，小型评论像短评和编者按只有主论点。

【例文】

中央气象台预计，11 日至 14 日，山东、四川局地累计雨量可能突破历史同期极值。水利部针对两省启动洪水防御Ⅳ级应急响应。同时，11 日，国家防总针对江苏、山东、四川、甘肃四省启动防汛四级应急响应，并派出两个工作组协助指导防汛工作。

安全度汛大于天。当前，全国即将进入“七下八上”防汛关键期，防汛形势严峻复杂。各地各部门必须从思想到行动，时刻绷紧安全度汛这根弦，心往一处想、劲往一处使，团结协作，坚决打赢防汛救灾这场硬仗。

坚持关口前移。各地各部门要高度警惕，对照查找自身短板，全面落实各项防范措施，确保部署关口前移。一方面，督促各级党政防汛责任人特别是包保责任人深入基层，把问题苗头提前化解在成灾前。另一方面，持续开展隐患排查整改，发现险情预兆及时研判识别，提前果断采取“关停撤转”措施。往年的防汛经验证明，早部署、强举措、勤督查，提前做好充分应对，以各项举措的确定性应对汛情的不确定性，全力防范化解重大灾害风险，是防汛减灾的关键。

完善“叫应”机制。确保危险预警信息直达一线、到户到人，既要“叫醒”，又要“回应”，解决好预警落地“最后一公里”问题。这需要提高预报预警精准度，延长预见期，织密监测预警网络，严密防范暴雨、台风等各类灾害天气，盯牢危险水库、高位塘坝、山洪灾害风险区、地质灾害隐患点、城市易涝点等防御重点部位和薄弱环节，消除监测盲区；基层干部群众要熟悉预警转移信号，知晓转移路线和避灾安置点的情况，及时组织转移避险、救灾救助，避免人员伤亡事故，努力将灾害损失降到最低程度。

提升基层防汛能力。演练是未雨绸缪，是防患未然。各地要把演练当实战，才能在灾害发生之时将人民群众的人身财产安全损失降到最低。各地要深入企业单位、农村、社区，有计划有步骤地开展逃生避险应急疏散演练与宣传教育。通过实战演练巩固提升人民群众在应急响应、灾前处置、医疗救护、灾后安置等专业能力，为应对防汛、维护人民群众生命财产安全积累实战经验，筑牢防灾减灾救灾的人民防线。

汛情就是命令，防汛就是责任。各地各部门要以万全之策应对万一可能，把困难估计得更充分一些，把风险思考得更深入一些，进一步抓实抓细各项防汛救灾责任措施，以实际行动筑牢防汛救灾的坚实堤坝。

（来源：2023 年 07 月 12 日人民网评论《全力筑牢防汛救灾坚实堤坝》）

2. 论据

论据是用来证明论点的材料，是评论论点得以成立的依据，是判断和推理的基础，其作用在于形成论点，引发议论和证明论点。论据可分为：

(1) 事实论据，就是能够直接或间接点明论点的有说服力的事实，可以是新闻事实，也可以是作者耳闻目睹亲身经历的事实，甚至是历史事实。

【例文】

"前事不忘，后事之师。"失败是成功之母。反面案例具有成功案例不可替代的作用，而且巧妙地运用反面案例能从另外一个侧面抓住防灾减灾的本质。比如，一场大洪水过后，立即查找应对过程的不足并加以改进，吸取其中的教训，比总结成绩更有效，意义更深远。有的防汛干部把河南郑州"7·20"特大暴雨灾害调查报告随身携带，牢记教训，以敬畏之心做实做细防汛工作。可见，一次失败的教训，可能胜过十个成功案例。

（来源：2023 年 6 月 13 日《中国应急管理报》评论《既要正面宣传　也要反面警示》的事实论据）

(2) 理论论据。已经被证明了的科学原理、定律，人们公认的格言、谚语、道理、经典，或经过实践证实并为人们所公认的结论、论断、原理、言论等，都可以用来做理论论据。

【例文】

调查研究是我们党的传家宝。从毛泽东同志提出"没有调查就没有发言权"的著名论断，到习近平总书记作出"调查研究是我们党的传家宝，是做好各项工作的基本功"的深刻阐释，调查研究经过岁月打磨和历史沉淀，在全党蔚然成风、收效显著。

（来源：2023 年 4 月 24 日《中国应急管理报》评论《扎堆调研不可取》的理论论据）

(3) 数字论据。主要是国家统计部门或其他权威机构发布的可信的统计数据以及其他可靠的数据。这些数据虽不是具体的，而是概括的、笼统的事实，但很多时候却比单个的事例更有说服力。

【例文 1】

窨井“吃人”并非个例，而是我们身边频频发生的安全事故。据不完全统计，仅在 2019 年，全国因窨井施工、管理、养护不当致人伤亡案件就多达 155 件，其中，造成 16 人死亡。可以说，“小井盖”系着“大民生”，直接关乎城乡居民公共安全。

（来源：2023 年 5 月 17 日央广网评论《3 岁男孩掉入下水道失联 “井盖吃人”顽疾必须治！》的数字论据）

【例文 2】

农村为孩子提供的安全游乐场所比较少，学生们放学回家或者学龄前儿童经常到完全没有防护的开放水域或农业生产区域玩耍。例如，某市曾经发布的一组数据显示，发生在农村的溺水事故约占总数的 93%。而这些溺水事故绝大多数都发生在开放水域，而非专业的游泳场所。

（来源：2023 年 5 月 12 日《中国应急管理报》评论《农村留守儿童安全不可失防万一》的数字论据）

3. 论证

论证是揭示论点与论据之间的逻辑关系的过程。使论点得以确立和证明的过程和方法，也就是运用论据证明论点的过程和方法。

（1）论证方式

① 立论。立论是指做出一个明确的观点或声明，并尝试通过论据来证明其正确性。立论时，人们会提出自己的观点，并用事实、数据、统计信息等来支持自己的观点。

【例文】

电动自行车发生事故，涉及多个环节，最核心的问题是车体和电池本质安全不过关，最难管的问题是擅自改装电池。加强全链条安全监管，必须解决好这两大难题。浙江省上线电动自行车治理数字化系统，给省内所有电动自行车和电池都赋上“浙品码”。这一数字化核验手段，串联起监管各有关部门，既堵住了改装渠道，使车辆产购销等全流程信息一键可查，也让旧车旧电池回收实现全程记录。北京市采取线上线下一体化治理，开展电动自行车“一车一池一码”试点，将产品信息、相关参数及时备案，便于日后其他部门追溯核验。实践证明，落实安全监管责任，完善部门间联网核查和信息通报工作机制是一个抓手。当全链条监管结成一张扎实、紧密的安全网，才能在有效节约管理成本的同时，让电动自行车从生产销售到购买上路各个环节的监管更有效。

（来源：2023 年 2 月 22 日《人民日报》评论《管好电动自行车需“全链条”发力》的立论）

② 驳论。驳论是指对别人的立论进行反驳，并尝试提出相反的观点。驳论时，人们会先对对方的观点进行质疑，并提出反驳的观点。

【例文 1】

在今年的央视"3·15"晚会中，景区高空项目安全带的不安全性被曝光。有媒体记者以游客身份联系了广西壮族自治区南宁市西乡塘区青瓦房古村落的工作人员，得到回应称，景区目前没有整改的考虑，因为开放 6 年来，使用这类安全带未发生过意外事件。

"6 年未发生意外"，就代表安全无忧了吗？目前，三点式安全带不安全已经成为业界共识。三点式安全带一般被系在腰间，发生冲坠之后，很容易将人的肋骨撅折，或是上移卡住脖子，带来窒息风险。在救援时，安全带也容易发生二次脱落。从某种意义上讲，三点式安全带的风险是客观存在的，发生意外只是概率大小和时间早晚的问题。

（来源：2023 年 3 月 22 日《中国应急管理报》评论《为网红项目系好"安全带"》的立论）

【例文 2】

近期，笔者与同事一起，对辖区各镇街和防指成员单位防汛备汛工作进行督导，却发现部分单位片面认为防汛工作仅是汛期的工作，称"现在才 3 月，离汛期还早着呢，还未部署防汛备汛工作"。

笔者以为，对类似防汛备汛工作等、慢、拖现象，需引起高度重视。防汛是一项系统工程、长期任务，有很多工作必须做在汛期来临之前，早谋划、早启动、早落实。

（来源：2023 年 3 月 22 日《中国应急管理报》评论《防汛备汛岂能"等慢拖"》的立论）

（2）论证结构

① 并列式。并列式就是按照思维的空间顺序来安排文章的层次，各层次之间是并列的关系，文章的整体围绕着中心论点多侧面地展开，在展开之后可以收回来，也可以不收，最后总结一下，这是一种横式的逻辑思维方式，重点在对问题做横向的剖析。

【例文】

近期，暴雨灾情牵动人心，奋战在防汛抗洪一线的救援人员感动着许多人。但，在这样的时刻，某些"流量网红"却频频刷新"作妖极限"，激起网民极大愤慨。

中国有句老话，反常即为妖。某些"流量网红"的所作所为，早已突破良心底线。试想，正常人谁会把灾难现场当"秀场"？正常人谁会跑到救灾英雄家门口"嘻嘻哈哈"开直播？

目睹这些怪象、乱象，有网民留言："英雄为救人牺牲，小丑却在掘金。"一位救援人员的痛心控诉道出了很多人的心声："救灾现场不是你们打造网红的地方，希望不要再来了！"

仅靠劝说，恐怕打消不了这些人借灾"作妖"的歪心思。"除妖"要用照妖镜。必须让那些昧良心的"流量网红"暴露在三面"照妖镜"下。

媒体声讨是第一面“照妖镜”,要通过这面镜子让无良“流量网红”们的丑态无所遁形。

为博眼球,一些“流量网红”丑态百出。在最近抗洪救灾中,有“网红”拉着老人在积水中摆拍“救援”桥段,遭到众人怒斥后才悻悻离开;有“网红”在公路旁扎堆搭帐篷搞直播,一度造成交通拥堵;还有“网红”根本不具备专业救灾知识,却在网上发布所谓“救援指导”,误导受灾同胞自救、求救……“群魔乱舞”的“网红”们到灾区不仅帮不上忙,还影响救援进度。对此类妨碍抗洪救灾的恶劣行为,媒体不仅要曝光,更要进行揭批,让网民认清无良“网红”的真面目。

平台管理应该成为第二面“照妖镜”,要通过这面镜子让无良“流量网红”们的“流量生意”没有市场。

7 日,有短视频平台发布公告,对近期在救援现场摆拍直播,干扰正常救援秩序等的主播账号进行封禁评论以及电商带货权限等处罚。“网红”对流量趋之若鹜,看中的无非是流量背后的生意。他们跑到灾区大喊“为灾区人民加油!”,内心想的却是“家人们,快来打赏!”。面对无底线直播,网络平台要有更大作为。要加强平台监管,不纵容无底线直播、不给不良信息流量等,让这些什么热度都敢“蹭”的“流量网红”彻底凉凉。

监管部门是第三面“照妖镜”,要通过这面镜子让无良“流量网红”们没有任何兴风作浪的空间。

今年 7 月,中央网信办发布《关于加强“自媒体”管理的通知》,明确要求不得“消费灾难事故”。灾难不容调侃,伤痛不容戏谑。无论多红的“网红”,触及网络管理这条红线,都将为之付出沉重的代价。面对这些无底线作妖的“流量网红”,监管部门该及时祭起“照妖镜”。

高悬“照妖镜”,让昧良心“流量网红”无处遁形。灾难面前,容不得任何“作妖”!

(来源:2023 年 8 月 9 日新华网评论《让昧良心的“流量网红”无所遁形》)

② 递进式。递进式对论题进行逐层分析,由浅入深,步步深入,就如同剥笋一样,一层一层地剥,最后才得出结论。这种结构的优势在于逻辑严密,论证性很强,能够引导和启发受众去深刻地思考问题,从而自然而然地接受评论的观点,议论更为深入和透彻。

【例文】

近日,随着天津狮子林桥跳水大爷的爆火,不少游客慕名前来体验跳水,也由此发生有人被水“拍晕”等意外事件。鉴于有人盲目跟风跳水,加之狮子林桥存在一定安全隐患,天津狮子林桥跳水队宣布退出狮子林桥跳水。

在娱乐、流量和安全之间,跳水的大爷们放弃了爱好和娱乐,选择安全第一;天津市有关部门也及时增派救援力量,保障现场群众安全,并将对狮子林桥进行检查维修。这些做法值得点赞。

欣慰之余,我们更应该对这一火爆现象进行反思:面对这样突然爆火并且易引发意外伤害的“集体狂欢”，如何做好防范应对，尽可能做到既满足群众的娱乐需求，又保障他们的生命安全？毕竟，像“天津跳水”这样的爆火事件，绝不可能是最后一例。据报道，有的城市已经出现跟风效仿现象。

火爆的事件往往能带来巨大的客流量，在一些“网红”博主的加持下，很容易演化为群体行为，甚至成为时髦潮流，给社会治理带来挑战。大到淄博烧烤、贵州“村 BA”，小到一个不知名的“野生景点”，在网络的酝酿发酵下，极有可能引发全民热捧，在给当地带来客流量的同时，滋生隐患问题。如果管理不能及时跟上，或对此类事件不闻不问，认为热度过去会自然消失，很可能会形成“破窗效应”，引起更多人跟风，后果一发不可收拾。

需要注意的是，由于网络的发达和社交软件流量的控制，这样的“网红”打卡地越来越多。如何应对下一个“天津跳水”现象，相关部门需要进行深入思考。对于各类“网红”群体行为和“网红景点”，在做好防护措施、加强劝诫和引导的同时，也要借机做好科普工作，让公众深知其中隐藏的危险，理性看待，切勿盲目跟风。

各地应从天津狮子林桥跳水出圈的现象中汲取经验教训，深刻认识当前公共安全风险形势的变化，增强预见性，对“网红”景点、“网红”群体行为切莫等闲视之、放任自流，一有隐患苗头，管理立即跟上，将风险消除在萌芽状态。同时，也要充分考虑人民群众的期盼和需求，科学管控“网红景点”，使其具备游玩的合法性和安全性后对公众开放。社交平台监管主管单位对于涉及“网红景点”类作品审核要更加严格，对于存在安全风险的作品应严格控制发布，建立严格审核流量投送机制，并告知相关部门单位，及时做好防范应对。

“网红”打卡地频频出现的安全问题，也反映出部分群众安全意识的淡薄和安全教育的缺失，各地应加大这方面的宣传教育力度，并通过开展“网红”打卡地安全隐患排查整治专项行动等方式，为群众营造好安全可靠、放松身心、展示特长的环境。

（来源：2023 年 9 月 12 日《中国应急管理报》评论《如何应对下一个“天津跳水”现象》）

③ 对比式。运用正反对比，可以让论证更有力，观点更鲜明。正反对比是将两种性质截然相反或者有差异的事物进行比较，如将发生在同一时期、同一区域的两种性质截然相反的事物进行横向比较，或是将同一事物在不同的时间、不同的地点进行纵向比较。通过对比，对错误的予以否认，对正确的进行肯定。

【例文】

近日，浙江泰顺一条国道旁的“前方 13.6 公里长下坡已死亡 37 人”的警示标语引发网友热议。当地警方回应称，因为该段弯道比较急、比较陡，所以以此提醒驾驶员。笔者认为，警示标语固然应以预防事故为主，但在内容与形式的设置上可以更生动、更鲜活，考虑到观者心理。

一般来说，警示标语必须能够让人印象深刻，这样才能够起到切实消除公众麻痹大意心理的作用，但也不应制造恐怖氛围。因为，过度紧张的状态同样不利于提高驾驶员正确判断并采取有效的安全措施。

比如设置"前方长下坡，请提前减速，与路侧保持必要安全距离""下坡时不要空挡滑行，上坡时注意控制车速""避免急踩油门、高速冲坡"等一系列警示标语，既提醒了驾驶员"前方有长坡"需引起警惕，又直截了当告知驾驶员行车操作的要点，保障驾驶员在平稳心态下做出有利判断。

实际上，不仅仅在道路交通场景下的安全警示语要把握好尺度，企业生产现场、建筑施工现场、公众聚集场所、居民楼等地的安全生产、防火、防触电等类型的警示标语也都要形式新颖、具有人情味和可操作性，在起到警示作用的同时应充分考虑公众心理接受程度。

例如，某企业操作车间内，张贴着"违章操作就是自杀和杀人""违章指挥就是犯罪""不讲安全下岗回家"等警示标语。这些带有威胁口吻且严肃过头的警示标语，不仅职工无从落实，还会产生心理不适。

警示标语要想能够深入人心，引起公众共鸣，必须将心人、理解人、尊重人、爱护人作为基本出发点，采取晓之以理、动之以情的方式方法拟订内容，同时结合公众心理和文化需求，增加亲和力和感染力，避免居高临下的空洞说教和片面恫吓。

比如，"发现有人触了电，赶快报警断电源""一捂二裹三弯腰，勿碰金属防烫伤，安全出口迅速逃""铁路道口险情多，停车、瞭望再通过""安全帽是护身宝，上班之前要戴好"等警示标语皆结合了具体场景，不仅读起来朗朗上口、深入人心，还提供了具体操作步骤，为公众提供了紧急情况下有效避险的思路。

（来源：2023 年 2 月 2 日《中国应急管理报》评论《警示标语也须考虑观者心理》）

（四）结尾

新闻评论的结尾是对全文的自然结束，要能够总结全文，加深受众的印象，引起受众的联想、回味和深思，同时做到简明精辟，自然流畅。

1. 概括性结尾

在文末对全文内容加以总结，对主题思想加以概括和一定的升华。概括式结尾关键在于能够概括全文，但是这种概括不能是前面内容的简单重复，应当更为精炼，最好能稍加强化，深化中心论点。

【例文 1】

总之，对那些小隐患、小问题，要坚持问题导向、系统思维，刀刃向内，经常进行反思和检讨，不断强弱项、补短板，方能有效筑牢人民群众生命安全防线。

（来源：2023 年 3 月 30 日《中国应急管理报》评论《"嫌吵闹调低报警声"绝不可轻放》的结尾）

【例文2】

责任挺在前，企业更安全。企业应充分利用签订安全生产责任状的有利契机压实责任，强化管理，关口前移，重心下移，用个体责任保全体责任，用开局安全保全年安全。

（来源：2023年2月21日《中国应急管理报》评论《安全生产责任状岂可千篇一律?》的结尾）

2. 点睛式结尾

这种结尾方式就是在最后用非常精练的语言，寥寥几笔将整篇新闻评论的中心论点点出来。

【例文】

万众一心，没有翻不过的山；众志成城，没有跨不过的坎。只要我们坚持对人民群众极端负责的态度，坚定必胜信念，以决不服输的意志、无坚不摧的气势、敢打善拼的斗志，做到越吃劲就越用劲，就一定能打赢这场防汛抗洪救灾的攻坚战。

（来源：2023年8月10日《中国应急管理报》评论《全力打好防汛抗洪救灾这场硬仗》的结尾）

思考题

1. 应急管理消息的结构主要有哪几种?
2. 应急管理消息主体部分的写作，常用的类型有哪几种?
3. 应急管理通讯有哪些特征?
4. 应急管理调查性报道有哪些特点?
5. 新闻评论有哪些写作要求?

附录　党政机关公文处理工作条例

（中办发〔2012〕14 号，2012 年 4 月 16 日印发，2012 年 7 月 1 日起正式施行）

第一章　总　　则

第一条　为了适应中国共产党机关和国家行政机关（以下简称党政机关）工作需要，推进党政机关公文处理工作科学化、制度化、规范化，制定本条例。

第二条　本条例适用于各级党政机关公文处理工作。

第三条　党政机关公文是党政机关实施领导、履行职能、处理公务的具有特定效力和规范体式的文书，是传达贯彻党和国家的方针政策，公布法规和规章，指导、布置和商洽工作，请示和答复问题，报告、通报和交流情况等的重要工具。

第四条　公文处理工作是指公文拟制、办理、管理等一系列相互关联、衔接有序的工作。

第五条　公文处理工作应当坚持实事求是、准确规范、精简高效、安全保密的原则。

第六条　各级党政机关应当高度重视公文处理工作，加强组织领导，强化队伍建设，设立文秘部门或者由专人负责公文处理工作。

第七条　各级党政机关办公厅（室）主管本机关的公文处理工作，并对下级机关的公文处理工作进行业务指导和督促检查。

第二章　公 文 种 类

第八条　公文种类主要有：

（一）决议。适用于会议讨论通过的重大决策事项。

（二）决定。适用于对重要事项作出决策和部署、奖惩有关单位和人员、变更或者撤销下级机关不适当的决定事项。

（三）命令（令）。适用于公布行政法规和规章、宣布施行重大强制性措施、批准授予和晋升衔级、嘉奖有关单位和人员。

（四）公报。适用于公布重要决定或者重大事项。

（五）公告。适用于向国内外宣布重要事项或者法定事项。

（六）通告。适用于在一定范围内公布应当遵守或者周知的事项。

（七）意见。适用于对重要问题提出见解和处理办法。

（八）通知。适用于发布、传达要求下级机关执行和有关单位周知或者执行的事项，批转、转发公文。

（九）通报。适用于表彰先进、批评错误、传达重要精神和告知重要情况。

（十）报告。适用于向上级机关汇报工作、反映情况，回复上级机关的询问。

（十一）请示。适用于向上级机关请求指示、批准。

（十二）批复。适用于答复下级机关请示事项。

（十三）议案。适用于各级人民政府按照法律程序向同级人民代表大会或者人民代表大会常务委员会提请审议事项。

（十四）函。适用于不相隶属机关之间商洽工作、询问和答复问题、请求批准和答复审批事项。

（十五）纪要。适用于记载会议主要情况和议定事项。

第三章　公文格式

第九条　公文一般由份号、密级和保密期限、紧急程度、发文机关标志、发文字号、签发人、标题、主送机关、正文、附件说明、发文机关署名、成文日期、印章、附注、附件、抄送机关、印发机关和印发日期、页码等组成。

（一）份号。公文印制份数的顺序号。涉密公文应当标注份号。

（二）密级和保密期限。公文的秘密等级和保密的期限。涉密公文应当根据涉密程度分别标注“绝密”“机密”“秘密”和保密期限。

（三）紧急程度。公文送达和办理的时限要求。根据紧急程度，紧急公文应当分别标注“特急”“加急”，电报应当分别标注“特提”“特急”“加急”“平急”。

（四）发文机关标志。由发文机关全称或者规范化简称加“文件”二字组成，也可以使用发文机关全称或者规范化简称。联合行文时，发文机关标志可以并用联合发文机关名称，也可以单独用主办机关名称。

（五）发文字号。由发文机关代字、年份、发文顺序号组成。联合行文时，使用主办机关的发文字号。

（六）签发人。上行文应当标注签发人姓名。

（七）标题。由发文机关名称、事由和文种组成。

（八）主送机关。公文的主要受理机关，应当使用机关全称、规范化简称或者同类型机关统称。

（九）正文。公文的主体，用来表述公文的内容。

（十）附件说明。公文附件的顺序号和名称。

（十一）发文机关署名。署发文机关全称或者规范化简称。

（十二）成文日期。署会议通过或者发文机关负责人签发的日期。联合行文时，署最后签发机关负责人签发的日期。

（十三）印章。公文中有发文机关署名的，应当加盖发文机关印章，并与署名机关相符。有特定发文机关标志的普发性公文和电报可以不加盖印章。

（十四）附注。公文印发传达范围等需要说明的事项。

（十五）附件。公文正文的说明、补充或者参考资料。

（十六）抄送机关。除主送机关外需要执行或者知晓公文内容的其他机关，应当使用机关全称、规范化简称或者同类型机关统称。

（十七）印发机关和印发日期。公文的送印机关和送印日期。

（十八）页码。公文页数顺序号。

第十条 公文的版式按照《党政机关公文格式》国家标准执行。

第十一条 公文使用的汉字、数字、外文字符、计量单位和标点符号等，按照有关国家标准和规定执行。民族自治地方的公文，可以并用汉字和当地通用的少数民族文字。

第十二条 公文用纸幅面采用国际标准 A4 型。特殊形式的公文用纸幅面，根据实际需要确定。

第四章 行文规则

第十三条 行文应当确有必要，讲求实效，注重针对性和可操作性。

第十四条 行文关系根据隶属关系和职权范围确定。一般不得越级行文，特殊情况需要越级行文的，应当同时抄送被越过的机关。

第十五条 向上级机关行文，应当遵循以下规则：

（一）原则上主送一个上级机关，根据需要同时抄送相关上级机关和同级机关，不抄送下级机关。

（二）党委、政府的部门向上级主管部门请示、报告重大事项，应当经本级党委、政府同意或者授权；属于部门职权范围内的事项应当直接报送上级主管部门。

（三）下级机关的请示事项，如需以本机关名义向上级机关请示，应当提出倾向性意见后上报，不得原文转报上级机关。

（四）请示应当一文一事。不得在报告等非请示性公文中夹带请示事项。

（五）除上级机关负责人直接交办事项外，不得以本机关名义向上级机关负责人报送公文，不得以本机关负责人名义向上级机关报送公文。

（六）受双重领导的机关向一个上级机关行文，必要时抄送另一个上级机关。

第十六条 向下级机关行文，应当遵循以下规则：

（一）主送受理机关，根据需要抄送相关机关。重要行文应当同时抄送发文机关的直接上级机关。

（二）党委、政府的办公厅（室）根据本级党委、政府授权，可以向下级党委、政府行文，其他部门和单位不得向下级党委、政府发布指令性公文或者在公文中向下级党委、政府提出指令性要求。需经政府审批的具体事项，经政府同意后可以由政府职能部门行文，文中须注明已经政府同意。

（三）党委、政府的部门在各自职权范围内可以向下级党委、政府的相关部门行文。

（四）涉及多个部门职权范围内的事务，部门之间未协商一致的，不得向下行文；擅自行文的，上级机关应当责令其纠正或者撤销。

（五）上级机关向受双重领导的下级机关行文，必要时抄送该下级机关的另一个上级机关。

第十七条　同级党政机关、党政机关与其他同级机关必要时可以联合行文。属于党委、政府各自职权范围内的工作，不得联合行文。

党委、政府的部门依据职权可以相互行文。

部门内设机构除办公厅（室）外不得对外正式行文。

第五章　公文拟制

第十八条　公文拟制包括公文的起草、审核、签发等程序。

第十九条　公文起草应当做到：

（一）符合党的理论和路线方针政策和国家法律法规，完整准确体现发文机关意图，并同现行有关公文相衔接。

（二）一切从实际出发，分析问题实事求是，所提政策措施和办法切实可行。

（三）内容简洁，主题突出，观点鲜明，结构严谨，表述准确，文字精练。

（四）文种正确，格式规范。

（五）深入调查研究，充分进行论证，广泛听取意见。

（六）公文涉及其他地区或者部门职权范围内的事项，起草单位必须征求相关地区或者部门意见，力求达成一致。

（七）机关负责人应当主持、指导重要公文起草工作。

第二十条　公文文稿签发前，应当由发文机关办公厅（室）进行审核。审核的重点是：

（一）行文理由是否充分，行文依据是否准确。

（二）内容是否符合党的理论和路线方针政策和国家法律法规；是否完整准确体现发文机关意图；是否同现行有关公文相衔接；所提政策措施和办法是否切实可行。

（三）涉及有关地区或者部门职权范围内的事项是否经过充分协商并达成一致意见。

（四）文种是否正确，格式是否规范；人名、地名、时间、数字、段落顺序、引文等是否准确；文字、数字、计量单位和标点符号等用法是否规范。

（五）其他内容是否符合公文起草的有关要求。

需要发文机关审议的重要公文文稿，审议前由发文机关办公厅（室）进行初核。

第二十一条 经审核不宜发文的公文文稿,应当退回起草单位并说明理由;符合发文条件但内容需作进一步研究和修改的,由起草单位修改后重新报送。

第二十二条 公文应当经本机关负责人审批签发。重要公文和上行文由机关主要负责人签发。党委、政府的办公厅(室)根据党委、政府授权制发的公文,由受权机关主要负责人签发或者按照有关规定签发。签发人签发公文,应当签署意见、姓名和完整日期;圈阅或者签名的,视为同意。联合发文由所有联署机关的负责人会签。

第六章 公文办理

第二十三条 公文办理包括收文办理、发文办理和整理归档。

第二十四条 收文办理主要程序是:

(一)签收。对收到的公文应当逐件清点,核对无误后签字或者盖章,并注明签收时间。

(二)登记。对公文的主要信息和办理情况应当详细记载。

(三)初审。对收到的公文应当进行初审。初审的重点是:是否应当由本机关办理,是否符合行文规则,文种、格式是否符合要求,涉及其他地区或者部门职权范围内的事项是否已经协商、会签,是否符合公文起草的其他要求。经初审不符合规定的公文,应当及时退回来文单位并说明理由。

(四)承办。阅知性公文应当根据公文内容、要求和工作需要确定范围后分送。批办性公文应当提出拟办意见报本机关负责人批示或者转有关部门办理;需要两个以上部门办理的,应当明确主办部门。紧急公文应当明确办理时限。承办部门对交办的公文应当及时办理,有明确办理时限要求的应当在规定时限内办理完毕。

(五)传阅。根据领导批示和工作需要将公文及时送传阅对象阅知或者批示。办理公文传阅应当随时掌握公文去向,不得漏传、误传、延误。

(六)催办。及时了解掌握公文的办理进展情况,督促承办部门按期办结。紧急公文或者重要公文应当由专人负责催办。

(七)答复。公文的办理结果应当及时答复来文单位,并根据需要告知相关单位。

第二十五条 发文办理主要程序是:

(一)复核。已经发文机关负责人签批的公文,印发前应当对公文的审批手续、内容、文种、格式等进行复核;需作实质性修改的,应当报原签批人复审。

(二)登记。对复核后的公文,应当确定发文字号、分送范围和印制份数并详细记载。

(三)印制。公文印制必须确保质量和时效。涉密公文应当在符合保密要求的场所印制。

(四)核发。公文印制完毕,应当对公文的文字、格式和印刷质量进行检查后分发。

第二十六条 涉密公文应当通过机要交通、邮政机要通信、城市机要文件交换站或者收发件机关机要收发人员进行传递,通过密码电报或者符合国家保密规定的计算机信息系统进行传输。

第二十七条　需要归档的公文及有关材料，应当根据有关档案法律法规以及机关档案管理规定，及时收集齐全、整理归档。两个以上机关联合办理的公文，原件由主办机关归档，相关机关保存复制件。机关负责人兼任其他机关职务的，在履行所兼职务过程中形成的公文，由其兼职机关归档。

第七章　公文管理

第二十八条　各级党政机关应当建立健全本机关公文管理制度，确保管理严格规范，充分发挥公文效用。

第二十九条　党政机关公文由文秘部门或者专人统一管理。设立党委（党组）的县级以上单位应当建立机要保密室和机要阅文室，并按照有关保密规定配备工作人员和必要的安全保密设施设备。

第三十条　公文确定密级前，应当按照拟定的密级先行采取保密措施。确定密级后，应当按照所定密级严格管理。绝密级公文应当由专人管理。

公文的密级需要变更或者解除的，由原确定密级的机关或者其上级机关决定。

第三十一条　公文的印发传达范围应当按照发文机关的要求执行；需要变更的，应当经发文机关批准。

涉密公文公开发布前应当履行解密程序。公开发布的时间、形式和渠道，由发文机关确定。

经批准公开发布的公文，同发文机关正式印发的公文具有同等效力。

第三十二条　复制、汇编机密级、秘密级公文，应当符合有关规定并经本机关负责人批准。绝密级公文一般不得复制、汇编，确有工作需要的，应当经发文机关或者其上级机关批准。复制、汇编的公文视同原件管理。

复制件应当加盖复制机关戳记。翻印件应当注明翻印的机关名称、日期。汇编本的密级按照编入公文的最高密级标注。

第三十三条　公文的撤销和废止，由发文机关、上级机关或者权力机关根据职权范围和有关法律法规决定。公文被撤销的，视为自始无效；公文被废止的，视为自废止之日起失效。

第三十四条　涉密公文应当按照发文机关的要求和有关规定进行清退或者销毁。

第三十五条　不具备归档和保存价值的公文，经批准后可以销毁。销毁涉密公文必须严格按照有关规定履行审批登记手续，确保不丢失、不漏销。个人不得私自销毁、留存涉密公文。

第三十六条　机关合并时，全部公文应当随之合并管理；机关撤销时，需要归档的公文经整理后按照有关规定移交档案管理部门。

工作人员离岗离职时，所在机关应当督促其将暂存、借用的公文按照有关规定移交、清退。

第三十七条 新设立的机关应当向本级党委、省政府的办公厅(室)提出发文立户申请。经审查符合条件的,列为发文单位,机关合并或者撤销时,相应进行调整。

第八章 附 则

第三十八条 党政机关公文含电子公文。电子公文处理工作的具体办法另行制定。

第三十九条 法规、规章方面的公文,依照有关规定处理。外事方面的公文,依照外事主管部门的有关规定处理。

第四十条 其他机关和单位的公文处理工作,可以参照本条例执行。

第四十一条 本条例由中共中央办公厅、国务院办公厅负责解释。

第四十二条 本条例自2012年7月1日起施行。1996年5月3日中共中央办公厅发布的《中国共产党机关公文处理条例》和2000年8月24日国务院发布的《国家行政机关公文处理办法》停止执行。

参考文献

[1] 陈富元. 最新标准公文写作教程[M]. 北京:经济科学出版社,2016.
[2] 陈冠任. 办公室文秘写作实用全书[M]. 北京:当代中国出版社,2002.
[3] 陈儒. 建国后党政机关公文规范化进程研究[D]. 芜湖:安徽师范大学,2017.
[4] 陈少文. 浅述公文办理工作中应把握的五个重要环节[J]. 办公室业务,2015(9).
[5] 单连军,孟凡顺. 四措并举切实提高收文办理效率[J]. 秘书之友,2016(10):28-30.
[6] 丁柏铨. 调查性报道的若干理性思考[J]. 当代传播,2013(4):10-13.
[7] 段勃. 调查性报道的写作特点[J]. 传媒观察,2009.
[8] 段勃. 论中美调查性报道写作的异同[J]. 中国编辑,2018(10):85-91.
[9] 冯春,祝伟,淳于淼泠. 公文写作[M]. 2 版. 北京:北京大学出版社,2015.
[10] 符万年. 新闻评论写作[M]. 北京:人民日报出版社,2021.
[11] 付传. 行政公文案例解析[M]. 哈尔滨:黑龙江人民出版社,2016.
[12] 顾宏俊. 做规范化零差错出精品:浅谈办公室公文处理中常见的问题及对策[J]办公室业务,2016(12).
[13] 郭光华. 新闻写作[M]. 3 版. 北京:中国传媒大学出版社,2020.
[14] 郭学利,武晓睿. 秘书文书档案管理[M]. 北京:清华大学出版社,2015.
[15] 郭杨. 试析公文审核中的几种常见问题及相应对策[J]. 办公室业务,2014(19):202.
[16] 韩海波. 关于做好公文处理工作的几点思考[J]. 上海:秘书,2016,09.
[17] 韩建国. 安全管理文书与方案精细化设计[M]. 北京:人民邮电出版社,2013.
[18] 黄光淼. 请示文体及其偏误研究[D]. 广州:暨南大学,2017.
[19] 黄伟. 常用安全生产文书写作规范与实例[M]. 南宁:广西人民出版社,2008.
[20] 姬瑞环,张虹. 公文写作与处理[M]. 4 版. 北京:中国人民大学出版社,2014.
[21] 计富祥. 论党政机关办公厅(室)公文办理工作质量评估体系的构建[J]. 秘书之友,2016(10).
[22] 姜德照. 公文格式规范[M]. 北京:经济科学出版社,2014.
[23] 李化德. 现代常用公文导写[M]. 重庆:重庆出版社,2003.

[24] 李士竹.文书学[M].郑州:河南人民出版社,2006.
[25] 李铁锤,夏远望.调查性报道文本的写作特征[J].传媒观察,2009.
[26] 李益霖.公文办理须"三问"[J].秘书工作,2015,04.
[27] 李勇超.公文办理工作的几个关键词[J].秘书工作,2011,08.
[28] 刘梅.现代公文写作教程[M].广州:华南理工大学出版社,2005.
[29] 刘卫青.浅谈公文审核需要注意的一些问题[J].办公室业务,2015(12):5-6.
[30] 刘伟伟.公文写作中最常见的100个错误[M].北京:中国人民大学出版社,2015.
[31] 刘文森.公文格式亟待统一和规范[J].秘书之友,2016(7).
[32] 刘屹.江门市蓬江区政府公文管理系统的研究与分析[D].昆明:云南大学,2016.
[33] 柳新华,徐艳华.当代中国公文学[M].北京:经济科学出版社,2014.
[34] 罗云.全国注册安全工程师执业资格考试应试技巧及知识点解析[M].北京:化学工业出版社,2005.
[35] 石丽红.呼伦贝尔市行政公文规范化办理研究[D].哈尔滨:黑龙江大学,2017.
[36] 舒雪冬.公文写作范例大全:格式、要点、规范与技巧[M].北京:清华大学出版社,2016.
[37] 孙彧.公文写作与常见病例分析[M].修订版.广州:暨南大学出版社,2014.
[38] 孙志豪.文种误用的语体思考:以请示、报告、函等文种为例[J].秘书之友,2014(2):32-33.
[39] 覃朝花.指示性通知和下行意见的对比辨析[D].广州:暨南大学,2018.
[40] 王凯,赵雪迟.行政公文写作:规范·技巧·最新例文[M].2版.北京:中国纺织出版社,2014.
[41] 王林.程序规范在公文处理中的作用与体现[J].办公室业务,2017(18):8.
[42] 王文栋.如何处理退文[J].北京:秘书工作,2017(12).
[43] 翁少林.地震台站公文办理系统设计[J].中国科技信息,2017(19).
[44] 夏海波.公文写作[M].郑州:河南人民出版社,2006.
[45] 杨桐,赵玲玲.领导干部公文写作模板[M].3版.北京:中国人事出版社,2016.
[46] 杨文丰.高职应用写作[M].北京:高等教育出版社,2006.
[47] 于殿宝.安全管理文书写作[M].徐州:中国矿业大学出版社,2008.
[48] 于殿宝.事故管理与应急处置[M].北京:化学工业出版社,2008.
[49] 于殿宝.事故预测预防[M].北京:人民交通出版社,2007.
[50] 曾昭乐.现代公文写作[M].5版.广州:中山大学出版社,2014.
[51] 张保忠.常用公文写作技巧与答疑全书[M].北京:人民邮电出版社,2015.
[52] 张创新.机关公文写作[M].2版.北京:中国人民大学出版社,2014.
[53] 张春梅.公文文种函的偏误分析及纠偏策略研究[D].广州:暨南大学,2017.
[54] 张庆儒.公文处理学[M].2版.北京:高等教育出版社,2014.

[55] 张永璟.行政公文写作通解[M].北京:清华大学出版社,2015.
[56] 张勇,陈艺岚,袁三英.实用文书写作[M].北京:中国人民大学出版社,2015.
[57] 张煜明.简明文书学教程[M].武汉:武汉大学出版社,1998.
[58] 郑精莹.我国地方政府行政公文规范化办理问题研究[D].哈尔滨:黑龙江大学,2019.